税务教育培训系列教材·税务高等教育系列

纳 税 服 务

国家税务总局学习兴税指导委员会
全国税务专业学位研究生教育指导委员会　组织编写

中国税务出版社

图书在版编目（CIP）数据

纳税服务 / 国家税务总局学习兴税指导委员会，全国税务专业学位研究生教育指导委员会组织编写 . -- 北京：中国税务出版社，2024.9
税务教育培训系列教材
ISBN 978-7-5678-1445-5

Ⅰ. ①纳⋯ Ⅱ. ①国⋯ ②全⋯ Ⅲ. ①税收管理-中国-高等学校-教材 Ⅳ. ①F812.423

中国国家版本馆 CIP 数据核字（2024）第 050866 号

版权所有·侵权必究

书　　名：	纳税服务 NASHUI FUWU
作　　者：	国家税务总局学习兴税指导委员会 全国税务专业学位研究生教育指导委员会　组织编写
责任编辑：	庞　博　张大卫
责任校对：	姚浩晴
技术设计：	林立志
出版发行：	中国税务出版社 北京市丰台区广安路 9 号国投财富广场 1 号楼 11 层 邮政编码：100055 网址：https：//www.taxation.cn 投稿：https：//www.taxation.cn/qt/zztg 发行中心电话：（010）83362083/85/86 传真：（010）83362047/49
经　　销：	各地新华书店
印　　刷：	北京天宇星印刷厂
规　　格：	787 毫米×1092 毫米　1/16
印　　张：	11.75
字　　数：	196000 字
版　　次：	2024 年 9 月第 1 版　2024 年 9 月第 1 次印刷
书　　号：	ISBN 978-7-5678-1445-5
定　　价：	35.00 元

如有印装错误　本社负责调换

《纳税服务》编审人员

主　审　赵　静

审　核（以姓氏笔画为序）
　　　　丁　芸　李　晶　李林军　邵凌云　樊　勇

策　划　史　峰　高永清

主　编　沈新国　韩国荣

副主编　王庆成　唐庆海　张维华　张颂舟

编　写（以姓氏笔画为序）
　　　　马　晶　王恺然　王静玮　邓立楠　史明羽
　　　　朱慧红　汤　钧　杜艺敏　李　敏　李　琳
　　　　杨　明　肖静琳　余志芳　辛静杨　张运增
　　　　张剑平　陈闻宇　范巧玲　罗　名　金　军
　　　　赵志忠　耿铁鹏　倪　明　殷贤生　高　峻
　　　　郭文达　董　旸　韩友玮　温雅婷　赖湘蓉

编写说明

为了落实习近平总书记关于加强教材建设的重要指示批示精神，服务中国特色社会主义高等教育发展，将税务高等教育教材建设作为完善财税治理体系和提升治理能力的战略考量，作为税务人才培养的前瞻性、基础性工程，满足高等院校学生学习权威、专业、前沿、符合税收征管实际的税收知识的需要，国家税务总局学习兴税指导委员会、全国税务专业学位研究生教育指导委员会共同组织编写了税务高等教育系列教材。

税务高等教育系列教材以税务专业硕士、博士研究生为主要读者对象，同时面向高等院校经济、财政、金融、贸易等专业学生，是一套理论与实践相结合的学习用书。本系列教材以马克思主义政治经济学为基础，以党的十八大以来习近平总书记关于税收工作的重要论述为指导，总结提炼中国式现代化税务实践的创新举措、经验做法和改革成果，按照"1+N"体系编写。"1"指中国税务学会组织编写的《税收学》，突出基础性和综合性；"N"细化为《货物和劳务税》《所得税》《财产行为税》《国际税收》《社会保险费》《政府非税收入》《纳税服务》《税收征管》8本教材，注重"理论+实务（案例）"内容，突出专业性和实践性。

《纳税服务》是税务高等教育系列教材之一，旨在为纳税服务理论研究和人才培养，提供一本具有基础性、系统性和权威性的高等教育教材。纳税服务是税务机关根据法律法规，在税费征收、管理、检查和实施税费法律救济过程中，向纳税人缴费人（以下简称纳税人）提供的服务事项和措施。本书系统梳理当前纳税服务各方面内容，有助于高等院校财经类专业学生全面深入了解纳税服务专业知识。

本书以纳税服务工作知识为重点，共7章26节，包括纳税服务概述、税法宣传和纳税咨询、办税缴费服务、纳税人权益保护、纳税信用管理、涉税专业服务监管和优化税收营商环境。

本书具有以下特点：一是理论加实践。纳税服务是操作性非常强的工作，本书在理论学习的基础上,辅以操作指南、制度规定等延伸内容,便于读者更好地理解理论知识。二是学习加练习。为巩固学习效果,在理论学习的基础上,每章最后均配有启发式的思考题,既有知识复盘,又有深入论述,具有较好的互动性和实践性。三是知识加案例。结合每章节内容,精心选取实际案例,用发生在税务干部身边、纳税人亲身体验的具体事,传递纳税服务知识。

由于水平有限,书中疏漏之处在所难免,恳请读者批评指正。如有意见或建议,请发送至电子邮箱 jyzxjcc@163.com。

编 者

2024 年 9 月

目 录

第一章 纳税服务概述 …………………………………………………… 1
第一节 纳税服务的概念 ……………………………………………… 1
第二节 纳税服务理论渊源 …………………………………………… 3
第三节 纳税服务实践 ………………………………………………… 18
第四节 纳税服务发展趋势 …………………………………………… 22
第五节 纳税服务国际经验借鉴 ……………………………………… 28

第二章 税法宣传和纳税咨询 …………………………………………… 39
第一节 税法宣传 ……………………………………………………… 39
第二节 纳税咨询 ……………………………………………………… 50
第三节 12366 纳税缴费服务 ………………………………………… 52

第三章 办税缴费服务 …………………………………………………… 68
第一节 办税缴费服务渠道 …………………………………………… 68
第二节 纳税服务规范 ………………………………………………… 71
第三节 办税缴费服务制度 …………………………………………… 76
第四节 政务服务"好差评" ………………………………………… 81
第五节 征纳互动服务 ………………………………………………… 83

第四章 纳税人权益保护 ………………………………………………… 85
第一节 纳税人权利与义务 …………………………………………… 85
第二节 纳税人需求管理 ……………………………………………… 110
第三节 纳税人满意度调查 …………………………………………… 112
第四节 纳税人涉税信息查询 ………………………………………… 115
第五节 纳税服务投诉处理 …………………………………………… 116

第五章　纳税信用管理 ·· 124
  第一节　纳税信用管理的概念和基本内容 ············· 124
  第二节　纳税信用评价 ··· 127
  第三节　纳税信用评价结果的应用 ·························· 129

第六章　涉税专业服务监管 ·· 133
  第一节　涉税专业服务概述 ····································· 133
  第二节　涉税专业服务发展历程 ····························· 136
  第三节　我国涉税专业服务监管实践 ······················ 141

第七章　优化税收营商环境 ·· 152
  第一节　营商环境 ·· 152
  第二节　税收营商环境 ··· 157

第一章 纳税服务概述

【学习目标】了解纳税服务的概念、纳税服务理论、纳税服务实践、纳税服务发展趋势等知识,掌握纳税服务基本理念、实现路径和纳税服务工作方法。

第一节 纳税服务的概念

一、纳税服务的内涵

纳税服务是指税务机关根据税费法律、行政法规的规定,在税费征收、管理、检查和实施税费法律救济过程中,向纳税人、缴费人、扣缴义务人(以下简称纳税人)提供的服务事项和措施。[①]

纳税服务有广义和狭义之分。

广义的纳税服务是政府、专业服务机构、其他组织或个人(志愿者)为帮助纳税人履行税费缴纳义务、维护合法权益而提供的服务。按照提供主体,广义的纳税服务可以分为四类:税务机关提供的服务、涉税专业服务机构(市场)提供的服务、税收志愿者提供的服务、纳税人互助式的服务。

狭义的纳税服务是税务机关为帮助纳税人理解和遵从税费法律法规而开展的相关工作。按照提供主体,狭义的纳税服务仅指税务机关提供的服务。

本教材所指的纳税服务主要是狭义的纳税服务。

二、纳税服务的特征

纳税服务是由税务机关提供的非营利性服务,具有以下特征。

---

① 2018年后社保非税并入,纳税服务职能功能拓展,但本书仍袭用这个概念。

1. 纳税服务主体和客体具有法定性。纳税服务的主体是税务机关，其提供的纳税服务是一种行政行为。纳税服务的客体（又称纳税服务的对象、纳税服务的接受者）是纳税人。

2. 纳税服务内容具有规范性。纳税服务内容包括税法宣传、纳税咨询、办税缴费服务、纳税信用管理、纳税人权益保护、社会协作等。

3. 纳税服务性质具有无偿性。纳税服务是税务机关根据法律、法规及相关规定无偿提供的公共服务。

4. 纳税服务的目标具有稳定性。纳税服务的最终目标是提高税法遵从度。

三、纳税服务与税收征管的关系

2013 年，全国税务工作会议提出，推进税收现代化建设的"六大体系"，2021 年进一步完善拓展新发展阶段税收现代化"六大体系"具体目标内容。其中，税费服务体系和税费征管体系是"六大体系"的重要内容，共同构成税收工作的核心业务，两者的关系主要包括以下几个方面。

（一）税收征管与纳税服务是相互依存的

税收征管和纳税服务是现代税收最基本也是最重要的两个方面，是矛盾的统一体，具有相互依存、相互作用、相互促进的关系，共存于税务行政行为之中。税收征管与纳税服务两者在功能和形式上都具有十分明显的差异性。

税收征管，是通过对纳税人税收经济活动实施的专业管理，督促纳税人依法履行纳税义务。

纳税服务，是通过在征纳互动中实施的服务性活动，帮助纳税人顺利完成纳税义务。

两者都需要征纳双方的积极参与，都需要征纳双方以税收法律、法规为重要依据，都是以实现税收职能作用的最大化为根本目标，并同时存在于具体的税收行政行为之中，两者均依存于对方的具体实施之中，相互依存，不可或缺。

（二）税收征管与纳税服务是辩证统一的

税收征管是基础，它决定着纳税服务的发展方向，而纳税服务反作用于税收征管，对税收征管有不可替代的促进作用。在税收工作实践中，应正确认识两者之间的关系：一方面，税务部门的主要职责是组织税收收入，要实现这一目标的根本就是要加强税收征管，因此，没有税收征管就没有纳税服务；另一方面，税务部门通过优化纳税服务，使纳税人的合法权益得到维护，税法遵从度得到提升，自然就会促进税收征管质量的提高和税务机关征收成本的降低。

（三）税收征管与纳税服务是互相促进的

一方面，通过推动征管体制改革，理顺征管运行流程体系，强化风险管理举措，可以引导纳税人主动依法诚信纳税，提升纳税服务的有效性；另一方面，通过优化纳税服务体系，从体制层面优化办税流程，规范纳税服务行为，细化纳税服务措施，可以简化办税手续，减轻纳税负担，从而降低纳税人的税法遵从成本，实现减轻税收征管压力和负担的工作目标。

第二节　纳税服务理论渊源

一、新公共管理理论

（一）新公共管理理论的起源

20世纪50年代中期至70年代初期，科学技术突飞猛进，以原子能技术、空间技术、电子计算机技术的利用和发展为主要标志的第三次科技革命，尤其是系统论、信息论、控制论等新兴方法论学科的发展和应用，不仅极大地促进了管理的现代化，也为公共行政管理科学注入了新的活力；同时，西方国家连续出现了一系列的社会、经济和政治危机，尤其是美国经济的低速增长与结构性的经济危机交织，结束了美国历史上第二个经济高速发展时期和称霸世界的黄金时代，民权运动、越南战争、能源危机、水门事件等引发的各类社会问题，使得公众对政府丧失了信心，政府已无法用过去的管理模式来控制局势和解决问题。与此同时，公共行政管理理论从纯理论研究转向应用研究，引入了很多相关学科的理论方法和研究成果，出现了以美国乔治·弗雷德里克森（George Frederickson）为代表的新公共行政理论、彼得·德鲁克（Peter F. Drucker）的目标管理理论以及稍后成型的戴维·奥斯本（David Osborne）和特德·盖布勒（Ted Gaebler）的企业家政府理论，形成了新的公共管理理论。

这些理论从不同角度对西方国家政府及其行政管理产生了重大影响，尤其是戴维·奥斯本的企业家政府理论更是影响深远。该理论的基础在于，认识人类行为的最佳途径是假定政府的行为主体和其他行为主体都是根据自身利益做出选择，政府的角色就是促进个人选择和实现效率而释放市场力量。该理论主张通过民营化等形式，将公共服务的提供转交由市场和社会力量来承担，公民应被视为顾客。同时认为，提高政府组织的效率，纠正政府失败的最佳方法是在公共领域引入市场机制，以促进竞争，提高公共产品和公共服务的效率和质量。因此，政府改革的方向应当是建立"企业家政府"，用企业家精神来重新塑造政府。戴维·奥斯本的《改革政府：企业家精神如何改革着公共部门》一书用简单明晰的线条勾画出从事公共事业的新方式，介绍了政府构造依据的10条原则：（政府应该是）①掌舵（决策制定）而不是划桨（决策执行）；②重妥善授权而非事必躬亲；③把竞争机制注入提供服务中；④改变照章办事的组织，做有使命感的政府；⑤讲究效果，按效果而不是按投入拨款；⑥要满足顾客的需要而不是官僚政府的需要；⑦要做有事业心的政府，有收益而不浪费；⑧要有预见，重预防而不是治疗；⑨要重视参与协作；⑩以市场为导向，通过市场力量进行变革①。

与传统公共管理模式相比，新公共管理理论具有以下8个特征：①强调效率、结果和服务质量，更加富有战略性或结构导向性，政府不再是"自我服务"的官僚机构，政府公务人员应该是负责任的"企业经理和管理人员"，社会公众则是提供政府税收的"纳税人"和享受政府服务作为回报的"顾客"或"客户"，政府服务应以顾客为导向，应增强对社会公众需要的响应力；②以分权式管理取代高度集中的等级组织结构，使资源分配和服务派送更加接近供应本身，由此可以得到更多相关信息和来自客户及其他利益团体的反馈；③可以更为灵活地探索代替直接供应公共产品的方法，从而提供更加节约的政策结果；④关注权威与责任的对应，以此作为提高绩效的关键环节，包括强调明确的绩效合同的机制；⑤在公共部门之间和每一个部门内部创造一个竞争性的环境；⑥加强中央战略决策能力，使其能够更加迅速、灵活和低成本地运作，以对外部变化做出反应；⑦通过要求提供有关结果和全面成本的报告来提高责任度和透明度；⑧宽松的服务预算和管理制度支持和鼓励着这些变化的发生。

作为一种行政模式，新公共管理的改革实践是一场具有行政革新的政府再造运动，主要表现为政府运作机制层面上的公共服务市场化、组织人事层面上

---

① 戴维·奥斯本，特德·盖布勒. 改革政府：企业家精神如何改革着公共部门[M]. 周敦仁，等译. 上海：上海译文出版社，2006：3.

的人力资源管理绩效化、政府技术形态层面的电子化以及价值层面的行政文化重塑化等。在范式意义上，新公共管理以多视角的研究方法和鲜明独特的政策主张，在理论体系、价值取向和逻辑结构上对传统公共行政的本质性进行革新。

(二) 新公共管理理论的发展

新公共管理理论倡导的公共服务机构分散化和小型化，一方面压缩了政府机构的规模，降低了行政体系的集中化程度，提高了处理公共事务的效能和公共服务供给的效率；另一方面也产生了很多矛盾和冲突，比如，在引进新的管理模式时难以克服转化成本的问题，企业化的管理模式在融入公共组织时也会产生摩擦。更为严重的是，一味地竞争破坏了部门和机构之间的信任、协调与合作，这种严重的"碎片化"弊端以及各部门"以自我为中心"思想的存在，最终又影响到政府行政效率的提高。因此，新公共管理理论又有了新的发展。

1. "整体政府"理论。

在新公共管理理论自身弊端不断凸显的现实背景下，借助现代信息通信技术的飞速发展，"整体政府"理论出现并成长起来。它不仅是一种指导政府改革的理论和思潮，更是一些国家用于改善政府管理的一种实践。"整体政府"理论一方面继承了新公共管理关于利用竞争模式和绩效考核的管理方法保证公共服务的效率和效能；另一方面探索精简机构、明确职能，以更加协调、合作的"整体服务模式"来实现社会的公正。

英国学者佩里·希克斯（Perri Hicks）在1997年出版的《整体性政府》中首次提出"整体性治理"这一概念。他通过跨越功能化组织的边界去解决选民最为关注的棘手难题，整体性治理致力于政策制定、公务员体系、地方政府结构、预算、工作过程、专业网络、职员训练体系、管理惯例、包括数字化信息技术在内的信息体系和各层级公共官员责任的改革。这种新的治理模式是对传统的官僚制和新公共管理理论所倡导的工具理性的重新定位，强调用协调和整合来提高公共管理的效率和价值。

协调和整合是整体性治理所要达到的、不同的两个阶段。协调主要是为了消除不同组织间的矛盾和问题，解决认识上的问题；而整合则是要求各种组织在行动上能够从整体性局面考虑，在行动上达成一致。澳大利亚发布的《联合政府报告》（The Connecting Government Report）也对"整体政府"下了定义：整体政府是指公共服务机构为了完成共同目标而实行的跨部门协作，以及为了解决某些特殊问题而组成联合机构；所采取的措施可以是正式的也可以是非正式的；可以侧重政策的制定、项目的管理或者服务的提供。

"整体政府"以联合（joined-up）与协调（coordination）为基本特征，以政府机构的功能整合为实质精神，以为公民提供优质高效、无缝隙的公共服务为根本目的。从公共服务供给角度来看，"整体政府"的公共行政范式有以下三个方面的重要特征。

（1）以公平正义作为公共服务的核心目标。"整体政府"的政府改革模式，以高质量的公共服务为基础，以充分满足公民需求为导向。同时，在满足公民一般性需求的基础上注重不同群体的不同特殊需求，以实现公共服务供给的公平化、均等化。

（2）以协调融合作为公共服务的政策导向。"整体政府"的政府改革力图通过政策协调实现"整合性"的公共服务供给模式。政策协调是为了达成政策一致，防止提供公共服务过程中产生政策不明晰甚至是政策冲突，包括两种或两种以上的政策不断融合发展。换言之，"整体政府"的公共服务模式就是在政策制定过程中政府部门不断与相关部门和单位进行协调、与不同的政策建议进行融合，最终形成一项达成共识的整体政府公共服务模式。

（3）以联合协作作为公共服务提供的新方式。通过构建"联合"的知识、信息网络平台，增进资源交流，实现公共服务供给主体之间的信息共享，这是"整体政府"公共行政范式下最重要、最突出的特点。在信息高度对称的基础上，以联合协作的工作方式，为公众提供联合的无缝隙的公共服务，是整体政府与新公共管理"分散化、小型化"最重要的区别。

1997年，英国首相布莱尔所在的工党政府为了克服公共服务官僚制方法的缺陷，同时超越新公共管理方法所造成的困局，制定了"整体政府"发展规划，主张用"整体政府"方法进行公共服务改革。1999年，英国政府颁布了《现代化政府白皮书》，推出一个实施"整体政府"改革的十年规划。这个规划包括五项政策建议，即提供回应性公共服务[①]、提高公共服务质量、重视公共服务价值、改进政策制定以及建立信息时代的政府。前三项政策建议是关于公共服务改革的主体性内容，后两项政策建议也与公共服务改革密切相关，是公共服务改革的政策保证和技术基础。这五项政策建议彰显出一种新的改革取

---

① 政府回应性是伴随着西方政府变革而产生的，并在新公共管理理论中得以提升，逐渐成为当代各国政府所共同认可的一种政府治理模式。它提倡以公众为服务的核心，积极回应公众需求。

向，就是构建"整体政府"公共服务模式。比如，提供回应性公共服务的基本措施包括：通过地方伙伴关系、一站式服务中心和其他方法排除协同工作的障碍；进行民意调查，收集公共服务需求信息，促进各部门合作，实行整合服务，满足多方需求。又如，提高公共服务质量的措施表现为：建立公共服务标准和新的公共服务协议，并通过跨部门的公共服务标准和协议，使各部门之间的"协同"工作得以实现，同时密切监视服务效能，对服务质量差的组织进行督察，对服务质量好的组织给予充分的信任，并使二者之间达到适度平衡。

"整体政府"治理模式在公共政策与公共服务的过程中，采用交互的、协作的和一体化的管理方式与技术，促使各种公共管理主体在共同的管理活动中协调一致，达到功能整合，消除相互排斥的政策情境，有效利用稀缺资源，为公民提供无缝隙服务。随着英国公共服务改革不断取得成效，澳大利亚、新西兰、荷兰、瑞典等国相继进行了"整体政府"公共服务改革，比如，荷兰在打造"整体政府"理念的支撑下，通过制定实行"标准企业报告"（Standard Business Report）制度，减少企业为满足不同政府部门提交财务资料的成本，为公民提供无缝隙服务。美国、加拿大等国的地方政府也进行了类似"整体政府"的公共服务改革。目前，建立"整体政府"公共服务模式已经成为西方国家公共服务改革的普遍需求。

2. 新公共服务理论。

虽然新公共管理理论在一些国家得到应用并取得了成效，但因其简单地将企业管理移植到公共部门，混淆了公私界限，从一开始就受到理论界质疑。"顾客"导向把政府与公民之间的关系简化为政府与顾客的关系，政府提供公共服务，公民作为顾客消费公共服务，将公民从政治人降低为经济人，矮化了公民身份。从实际执行效果看，市场化方法和竞争机制，大大提高了公共服务的效率，但也造成了政府责任的丧失，其维护公平、公民机会和公民的宪法权利而承担的公共责任遭到侵害，把服务对象看作是顾客而不是公民，导致了公民权利的丧失。新公共服务理论正是基于这一反思建立的一种更为先进的公共管理理论，它是关于公共行政在以公民为中心的治理体系中所扮演角色的理论。以美国珍妮特·登哈特（Janet V. Denharde）和罗伯特·登哈特（Robe. B. Denharde）为代表的当代公共行政理论家和实践者在2003年出版的代表性著作《新公共服务：服务，而不是掌舵》中对其主要观点进行了阐述。他们主张公共行政官员在其管理公共组织和执行公共政策时应该致力于承担为公民服务和向公民放权的职责，其工作重点既不应是"掌舵"，也不应是"划桨"，而应是建立一套明显具有完善整合力和响应力的公共机构。同时倡导参与式国家模式，强调保护公民自由，发挥民主特别是直接民主机制的作用。

新公共服务理论主要包括：①政府服务于公民而不是顾客，政府要为公民服务而不是为顾客服务，不应该仅仅关注"顾客"自私的短期利益而应该是公民的需要和利益；②政府服务要追求公共利益，公共利益是目标而非副产品；③要重视公民权胜过重视企业家精神，公民权利和公共服务比企业家精神更重要；④政府思考要具有战略性，行动要具有民主性；⑤政府的责任并不是单一的，公共行政官员已经受到并且应该受到包括公共利益、宪法法令、其他机构、其他层次的政府、媒体、职业标准、社区价值观念和价值标准、环境因素、民主规范、公民需要在内的各种制度和标准等复杂因素的影响，而且应该对这些制度和标准等复杂因素负责；⑥政府要提供的是服务而不是"掌舵"；⑦要重视人而不只是生产率等。①

新公共服务理论在承认新公共管理理论对于当代公共管理实践所具有的重要价值并摒弃新公共管理理论，特别是企业家政府理论固有缺陷的基础上，提出建立一种更加关注民主价值和公共利益，更加适用于现代公民社会发展和公共管理实践需要的新的理论选择。其核心价值就是：追求公共利益，奉行服务理念，凸显公民社会的公民权利、公民意识、公民身份和公民价值，强调民主对话沟通协商基础上的政府与社区、民众的合作信任和互动共治。② 在这种观点下，行政官员的作用就是把人们"带到桌子边"，并且以承认在一个民主系统中有多种复杂层次的职责、伦理和责任的方式来为公民服务。③

（三）新公共管理理论在纳税服务中的运用

在新公共管理运动的背景下，公共部门尤其是政府的职能、角色、地位、组织机构及其与社会的关系都发生了深刻变化，税务部门同样深受影响。

新公共管理理论以及随后的新公共服务理论为税务行政提供了一个新的视角，来审视税务管理工作以及与纳税人的关系，并为现代纳税服务提供了理论依据。它不但确立了纳税人与政府平等的经济主体关系，而且还在公共产品

---

① 丁煌.西方公共行政管理理论精要[M].北京：中国人民大学出版社，2005：427-433.
② 王飞，蔡建勋.纳税服务：理论研究[M].上海：上海人民出版社，2007：123.
③ 珍妮特，罗伯特.新公共服务：服务，而不是掌舵[M].丁煌，译.北京：中国人民大学出版社，2010：171.

"供需"关系中确立了纳税人的主导地位。因此，为公民提供公共产品和服务成为市场经济对政府管理的内在要求，是政府的一项根本职能。对于作为政府公共部门重要组成部分的税务机关来说，不但税收征收的过程是服务，而且征收的最终目的也是为纳税人服务，传统的税务管理思想受到挑战，需要税务部门重新审视自身与纳税人的关系，重新定位税务机构在税收征纳关系中的地位和作用。

近几十年来，在新公共管理运动的影响下，参与其中的各国税务机关的税务管理理念和运作方式都发生了重大转变，主要表现在：从规制导向①向服务导向转变，纳税人定位从监管对象向服务对象转变，内部管理从行政管理向企业化经营管理转变，纳税服务从行政服务向社会服务转变，以提高管理效率和服务水平，适应全球化和信息技术革命对税收管理提出的新要求。在政府提供的服务中不仅要注重效率、效果和效能，更应体现出民主思想，重视公民权利和对人的尊重。

"整体政府"作为一种很好的政府改革实践，其目标是提供高质量的、整合性的、便捷的服务，解决民众为办理一个事项而奔波于多个部门的问题。各国依靠整合性的服务模式，加强各部门之间合作，做出很好的范例，主要体现在：一是建立统一的纳税服务标准，以促进纳税服务标准的统一化；二是建立跨部门的伙伴关系，注意各个部门之间的协调、信息的公开和畅通、信息资源的共享；三是整合部门职能，将分散在各环节、各税种、各部门的纳税服务工作进行整合，切实为纳税人办理涉税业务节省时间；四是整合信息系统，合作部门之间建立一套相关的信息网络，保障信息资源的畅通，确保消息的及时传达和传送，以期实现各部门信息资源的共享。

二、客户关系管理理论

（一）客户关系管理理论的起源

客户关系管理（Customer Relationship Management，CRM）理论基础源于西方的市场营销理论。1985年，美国营销学专家巴巴拉·本德·杰克逊（Barbara B. Jackson）提出了关系营销的概念，注重营销中的人际关系处理，使市场营销理论的研究迈上了一个新的台阶。美国是最早发展客户关系管理的国家，20世

---

① 规制导向主要是指注重运用常规方法，依据成文法规定，实施强制性监管。

纪80年代初出现了企业对客户的"接触管理"（Contact Management），专门收集客户与公司联系的所有信息，到1990年演变成包括电话、服务中心支持资料分析的客户关怀（Customer Cara）理论。

美国著名咨询服务公司高德纳公司在提出企业资源计划（Enterprice Resource Planning，ERP）概念时，强调对供应链进行整体管理。后来在ERP的实际应用中发现，由于ERP系统本身功能方面的局限性，以及IT技术发展阶段的局限性，ERP系统并没有很好地实现对供应链下游（客户端）的管理，针对客户多样性，ERP并没有给出良好的解决办法。到20世纪90年代末期，互联网的应用越来越普及，计算机电话集成客户信息处理技术（如数据仓库、商业智能、知识发现等技术）得到了长足的发展。互联网带来的不仅是一种手段，它触发了企业组织架构、工作流程的重组以及整个社会管理思想的变革。结合新经济的需求和新技术的发展，高德纳公司提出了客户关系管理概念。

企业有许多同客户沟通的方法，如面对面接触、电话呼叫中心、电子邮件、互联网、通过合作伙伴进行间接联系等。客户关系管理应用有必要为上述多渠道的客户沟通提供一致的数据和客户信息。因为统一的渠道能给企业带来效率和利益，这些收益主要从内部技术框架和外部关系管理方面表现出来。就内部技术框架来讲，建立在集中的数据模型基础上，统一的渠道方法能改进前台系统，增强多渠道的客户互动。集成和维持多系统间界面的费用和困难经常使得项目的开展阻力重重，而且，如果缺少一定水平的自动化，在多系统间传递数据也是很困难的。就外部关系管理来讲，企业可从多渠道间的、良好的客户互动中获益。如客户在同企业交涉时，不希望向企业的不同部门或人提供重复信息，而统一的渠道方法则从各渠道间收集数据，这样客户的问题或抱怨能更快地、更有效地被解决，从而提高客户满意度。

在引入客户关系管理的理念和技术时，不可避免地要对企业原来的管理方式进行改变，变革、创新的思想将有利于企业员工接受变革，而业务流程重组则提供了具体的思路和方法。很多世界知名公司开始运用客户关系管理理论进行管理和公司运作，并形成了自己的观念。比如，IBM公司认为，客户关系管理覆盖企业识别、挑选、获取、发展和保持客户的整个商业过程，其分为关系管理、流程管理和接入管理三类。

从20世纪90年代末期开始，客户关系管理市场一直处于爆炸性增长状态，这样客户关系管理就由最初的企业商务战略，转变为管理软件、企业管理信息解决方案的一种类型，其已经借助包括互联网和电子商务、多媒体技术、数据仓库和数据挖掘、专家系统和人工智能、呼叫中心等技术，将市场营销的科学管理理念通过信息技术的手段集成在软件上，得以在全球大规模普及和应用。因此，另一家著名咨询公司盖洛普（Gallup）将客户关系管理定为：策略+管理+信息技术（IT），强调了IT技术在客户关系管理战略中的地位，同时从另一个方面强调了客户关系管理的应用不仅仅是IT系统的应用，也和企业战略和管理实践密不可分。

（二）客户关系管理的特征

从起源来看，客户关系管理的特征可以归纳为以下三个方面：

1. 客户关系管理是一种新的运作模式。它是基于"以客户为中心"的新型商业模式，旨在改善企业与客户关系，挖掘和创造商业机会的新型管理机制。从实践运用角度来看，它是侧重通过对客户详细资料的深入分析来提高客户满意度，从而提升企业竞争力的一种手段。

2. 客户关系管理是一项企业经营战略。它是企业文化建设、流程建设的精髓，企业据此赢得客户并且留住客户，让客户满意。为了达到提高企业效率和利润水平的目的，企业将需要不断改进与客户关联的全部业务流程，借助电子化、自动化创造和优化管理方法、工作流程和客户服务解决方案。

3. 客户关系管理是一种技术手段。它通过技术手段增强客户关系进而创造价值，最终提高利润增长的上限和底线。企业将在此基础上展开包括判断、选择、争取、发展和保持客户所需的全部商业过程，进而以客户关系为重点，通过开展系统化的客户研究，优化企业组织体系和业务流程，提高客户满意度和忠诚度。客户关系是指围绕客户生命周期发生、发展的信息归集，以客户为主线，以数据为基础，拥有客户在行业里的全生命周期和客户与企业合作的全交往周期两个重要管理周期，要在人力、资金、物料、关系、价值等主题上对客户的信息、习惯、行为、成果等内容进行管理。

（三）客户关系管理理论在纳税服务中的运用

客户关系管理的宗旨在于"以客户为中心"，对于税务机关而言，即"以纳税人为中心"。根据客户关系管理理论，税务部门提高纳税服务水平应从以下四个方面入手：首先，必须对服务对象即纳税人进行细分；其次，要明确纳税人的真正需求；再次，在客户细分和需求细分的基础上采取有针对性的服务行动；最后，要将纳税人满意度纳入纳税服务工作绩效考核，并将其前置到工作目标设定之中。

近年来,一些国家的税务局在税收征管工作中充分运用客户关系管理思想,如英国皇家税务与海关总署在其2012—2015年运营计划中明确提出"通过对纳税人的理解把精力投入到发挥最大效能方面,根据纳税人需求、能力和行为模式调整服务和介入方案",其工作方式的第一条即是"理解纳税人及其需求"。很多国家都已经成功在税收工作中引入客户服务理念,研究纳税人(顾客)的需求,综合运用问卷调查、抽样调查、信息系统跟踪统计等调查方式,了解纳税人的需求,并根据调查数据设计服务产品,改善服务方式,提高服务质量。

经济合作与发展组织(OECD)调查结果显示,34个OECD成员国中超过2/3的成员国税务机关将其税务网站上的信息进行了较高水平的结构化"客户类型"分类,按照"纳税人分类"设计门户网站的主页。澳大利亚税务局和美国国内收入局都有相似的"以客户为导向"的门户网站主页,指引不同类型的纳税人浏览不同的网页内容,实现了税务网站的分类服务功能。西班牙税务局网站(www.la-moncloa.es)、美国联邦税务局网站(www.irs.gov)、新加坡国内税务局网站(www.iras.gov.sg)等都获得纳税人较高满意度。这些网站的一个共同特点是,很好地实现了网站从内容导向到服务导向的转变,以针对用户需求提供个性化、人性化、专业化的服务,突出"以纳税人为中心"的理念。

一些国家的纳税服务热线在扩展客户服务功能的基础上,日益突出客户关怀、客户关系管理等特点,逐步由单一的呼入型呼叫中心向复合的呼入呼出型呼叫中心转变。澳大利亚的纳税服务电话咨询系统非常人性化:一是提供纳税人接触历史记录。纳税人打进电话并录入纳税编号后,其基本情况和以往的电话咨询记录均已经存储在咨询系统中,让纳税人不必重复陈述自己的基本情况。二是提供专业化服务。该局自2006年提供按行业分类的电话咨询,纳税人可选择与熟悉某一个行业税收政策的客服代表通话;该局还为新开业纳税人提供互动语音识别技术选择,以便他们可以固定与一名客服代表通话,甚至可以连续几个季度与同一组客户服务代表联系,以方便新企业获得"保姆"式咨询服务。三是自动提示电话接通等待时间。如果电话无法在2分钟内接通,将有语音提示可能需要等待的时间,纳税人可以在线查看需等待时间和通话高峰,然后决定何时给税务局打电话。这一措施大大缓解了来电人等待电话接通期间的焦虑情绪。四是积极拓展呼叫中心的服务功能，发送短信息文字提示信息给具有相关报税义务的目标纳税人群体，取得了良好效果。短信发送严格遵守澳大利亚相关法律，保密条款确保纳税人的隐私不受损害。客户调查发现，短信发送后，大多数收件人会回复表示收到提醒，目标群体的整体报税效果和按时报税方面也有了重大进展。这表明短信息作为一项联络方式，已经被澳大利亚纳税人广泛接受。

三、税收遵从理论

（一）税收遵从理论的起源

税收遵从有着非常久远的历史，伴随着税收产生，就产生了税收遵从与税收不遵从。税收遵从，是纳税人基于对国家税法价值的认同或自身利益的权衡而表现出的主动服从税法的态度，也可称为纳税人遵从，即纳税人对税法（包括税收法律、法规和规章制度）的遵从程度。税收不遵从，指纳税人没有按照税法规定而采取行动的行为，无论此种行为出于故意还是非故意。

美国学者海格（Haig）1934年首先对美国联邦和州的税收遵从成本进行研究，但没有明确地对税收遵从成本进行定义。之后不断有学者对税收遵从成本进行研究，直到20世纪80年代，英国巴斯大学教授锡德里克·桑福德（Cedtc Sandford）在税收遵从成本领域取得了大量的研究成果，将许多国家政府的目光都吸引到了这一长期被漠视的领域，对税收遵从问题的系统研究自此兴起。随着纳税人权利受到广泛关注，发达国家纷纷制定纳税人权利宪章，重视和保护纳税人的合法权益，促进纳税人自觉遵从税法，成为在公平和效率原则指导下实施税收管理的有效途径。税收遵从理论以纳税人的纳税行为和决策为研究对象，体现出关注纳税人个体特征、重视个体利益以及尊重和保护纳税人权利的时代特征。从1985年开始，英国、爱尔兰、新西兰、澳大利亚等国相继把税收遵从成本提上议事日程，在政府报告、立法、税制改革中将税收遵从成本纳入考虑范畴。[①]

（二）税收遵从行为研究

美国学者罗伯特·基德尔（Robert Kidder）和克雷格·麦克尤恩（Craig McEwen）根据影响遵从的不同变量，归纳纳税人的不同行为类型，纳税人遵

---

① 杨志安，韩娇. 降低我国税收遵从成本的途径选择[J]. 税务研究，2006(1).

从与不遵从类型见表1-1。

表1-1　　　　　　　　　　纳税人遵从与不遵从类型

遵从变量	遵从类型	不遵从类型
1. 强迫	防卫性遵从、制度性遵从	社会性不遵从
2. 自身利益	利己性遵从	自私性不遵从
3. 习惯	习惯性遵从	习惯性不遵从
4. 合法与公平	忠诚性遵从	象征性不遵从
5. 社会压力	社会性遵从	社会性不遵从
6. 税务代理	代理性遵从	代理性不遵从
7. 准则	懒惰性遵从	程序性不遵从
8. 确知	忠诚性遵从	无知性不遵从
9. 遵从负担	防卫性遵从	懒惰性不遵从

资料来源：1. 罗伯特·基德, 盖格·麦克尤恩. 社会背景下的纳税行为：纳税遵从和不遵从的初步类型[M]. 费城：宾夕法尼亚大学出版社, 1989.
2. 杰弗里·A. 罗斯, 约翰·T. 肖尔茨. 税法遵从（第2卷）[M]. 费城：宾夕法尼亚大学出版社, 1989：47-75.

从表1-1可以看出，这种分析将影响纳税人遵从的变量分为外部和自身两类。其中，1、4、5、6、7、9为外部因素，而2、3、8为出自纳税人的考量，不论是哪种变量都会产生出遵从和不遵从的行为。

在此研究基础上，国内学者提出纳税人遵从行为有两种基本类型[①]：第一，原生性税收遵从。具体表现为：纳税人能够正确认识税收的性质与作用，完整、准确地理解税收法律与法规，自觉、准确、及时地履行纳税义务。第二，原生性税收不遵从。具体表现为：纳税人不能正确认识税收的性质与作用，不能完整、准确地理解税收法律与法规，不能自觉、准确、及时地履行纳税义务。具体而言，原生性税收不遵从又分为两种类型：一是无知性税收不遵从。具体表现为：纳税人能够正确认识税收的性质与作用，愿意自觉履行纳税义务，但由于不能准确理解税收法律与法规，因而不能准确、及时地履行纳税义务。二是故意性税收不遵从。具体表现为：纳税人不能正确认识税收的性质与作用，不愿意完整、准确地理解税收法律与法规，不自觉、准确、及时地履行

---

① 马国强. 正确认识与开展纳税服务[J]. 涉外税务, 2005(3).

纳税义务。现实生活中的原生性税收不遵从主要体现为故意性税收不遵从。进一步分析，故意性税收不遵从分为自私性税收不遵从和对抗性税收不遵从。前者具体表现为：纳税人不能正确认识和处理私人利益与公共利益之间的关系，不愿意为实现公共利益而承受税收负担。后者具体表现为：纳税人对政府行为不满意，明目张胆地拒绝纳税。现实生活中，偶尔发生的暴力抗税事件属于对抗性税收不遵从。

为消除各种原生性税收不遵从，促使纳税人由税收不遵从转化为税收遵从，在税收管理中必须采取以下四种措施：一是纳税服务。为促使无知性税收不遵从转化为税收遵从，税务机关必须为纳税人提供正当、有效的纳税服务，从而将无知性税收不遵从转化为引导性税收遵从。二是税收监控。为消除自私性税收不遵从产生和存在的条件与途径，促使一部分自私性税收不遵从转化为税收遵从，税务机关必须对纳税人实施正当、有效的税收控制，使得一部分自私性税收不遵从因为没有逃税的机会而转化为约束性税收遵从。三是税收保卫。为消除自私性税收不遵从产生与存在的动因，消除对抗性税收不遵从，税务机关必须采取正当、有效的税收保卫措施，及时发现并严厉处罚逃税者，促使一部分自私性税收不遵从和对抗性税收不遵从转化为防卫性税收遵从。四是税收救济。税务机关实施纳税服务、税收监控和税收保卫，有可能发生各种不当行为，侵犯纳税人的合法权益，诱发新的税收不遵从。为保护纳税人的合法权益，税务机关应有正当、有效的税收救济措施。

通过采取以上措施，各种原生性税收不遵从分别转化为引导性税收遵从、约束性税收遵从与防卫性税收遵从，这三种税收遵从共同构成了转化性税收遵从，并与原生性税收遵从一道构成了全部的税收遵从。

在讨论税收遵从行为时，必须关注遵从成本。税收遵从成本是纳税人在遵从税法的活动中不得不承担的负担。具体包括以下四种：

（1）货币成本，指纳税人在纳税过程中交给税务代理等涉税专业服务机构办理纳税相关事宜所支付的代理费用或向税务顾问进行咨询所支付的咨询费用等。相对来说，西方国家的税制较复杂，纳税人委托专业机构办理纳税相关事宜的情况很普遍，这类成本就可以通过调查计算测定的货币成本。

（2）时间成本，指纳税人搜集、保存必要的资料和收据、填写纳税申报表所耗费的时间价值。[①] 其计量分为两个方面：一是个人纳税人的时间成本，二是公司纳税人的时间成本。两种成本具体计算方式相似，都是单位时间价值与纳税人在办理纳税相关事宜过程中所付出的时间数量乘积。

（3）非劳务成本，指纳税人到税务机关办理纳税事项所付出的交通费用以及因纳税活动所需发生的办公用品和通信设备的成本等。因为要合理将这些成本分摊至税收遵从成本比较困难，所以非劳务成本是目前税收遵从成本研究的难点，也是比较容易被忽视的一点。

（4）心理成本，指纳税人因担心误解税收规定而可能会遭受处罚产生的焦虑情绪或者认为自己纳税并没有得到相应报酬而产生的不满情绪。心理成本难以测量，但又非常重要。当心理成本很大时，纳税人就会雇用涉税服务专业机构，在此情况下心理成本就会转变为货币成本。

税收遵从成本的大小意味着纳税人在办理涉税事务方面所花费的货币成本、时间成本和心理成本等税外负担的大小。显然，税收遵从成本越高，给纳税人造成的税外负担就越重，特别是其中货币成本的增加直接减少了纳税人的当期收益，而时间成本和心理成本的增加则意味着纳税人把本来可用于其他方面的资源耗费在处理税收事务上，从而也间接减少了纳税人的收益。

（三）税收遵从理论在纳税服务中的运用

从以上研究可以看出，没有纳税服务，无知性不遵从就无法转化为引导性税收遵从，部分自私性不遵从也无法转化为遵从，税务管理的目标就无法全部实现。为了促使无知性不遵从转化为引导性税收遵从，全面实现税务管理的目标，税务机关必须为纳税人提供纳税服务。优化纳税服务、提高纳税服务水平是降低遵从成本的根本。纳税服务的每一项工作都有助于纳税人降低税收遵从成本。例如，优质的咨询服务可以帮助纳税人节省搜集必要涉税信息的时间成本和货币成本；简化纳税环节和高效率的服务可以降低纳税人的时间成本和心理成本；优质的社会中介服务可以直接降低纳税人的货币成本，而税收遵从成本的降低则有利于税法遵从水平的提高。

纳税服务的首要目标莫过于最大限度地提高纳税人的税法遵从度。尽管这一目标非常明确，但由于税务机关可支配的资源有限，要实现这一目标并非易事，需要统筹兼顾，合理配置资源，对影响税法不遵从因素进行合理排序，确

[①] 雷根强，沈峰. 简论税收遵从成本 [J]. 税务研究，2002（7）.

定优先级别，这些成为各国税务机关迫切需要解决的问题。

对纳税遵从的管理至少应该包含两个方面：一是对纳税人有清晰的认识并能进行必要的分类；二是需要在分类的基础上制定相应的针对性管理措施，鼓励引导纳税人保持在自愿遵从状态下。OECD专家综合各成员国税收实践，在对影响纳税人行为的因素、纳税人对遵从的态度及税务机关采取的相应的策略进行研究分析后，提出了税法遵从管理模型（如图1-1所示）。①

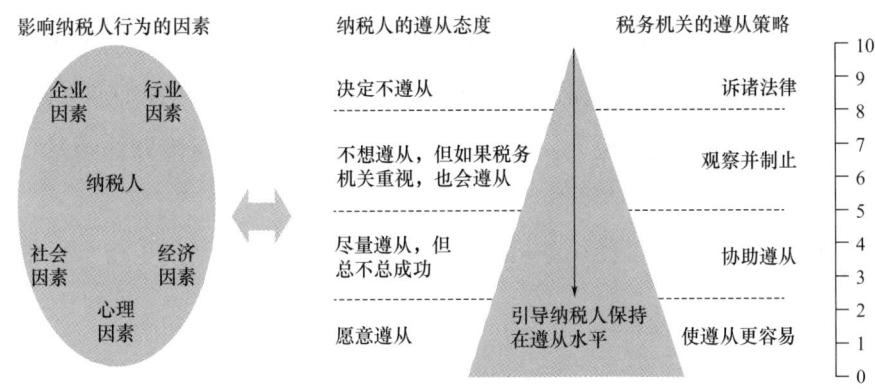

图1-1 税法遵从管理模型

如图1-1左边所示，影响纳税人行为的因素包括五个方面：企业因素（Business）、行业因素（Industry）、社会因素（Sociological）、经济因素（Economic）、心理因素（Psychological）。这些因素的综合影响和作用，导致了纳税人对遵从的不同态度，具体可以分为以下四类（如图1-1三角形左边所示）：第一类是愿意遵从的纳税人，总是愿意做正确的事；第二类是试图遵从但并非总是成功的纳税人；第三类是不想遵从，但如果税务机关予以关注，也会遵从的纳税人；第四类是决定不遵从的纳税人。

上述遵从管理模型为各国税务机关明确了管理的目标以及针对不同纳税人群的管理方法，围绕最大限度地提高纳税人自愿遵从的工作核心，税务机关可据此进行思考分析，明确工作重点，对不同的纳税人采取不同的策略。

第一类纳税人是自愿遵从者。税务机关可以为其提供高效便捷的服务，让他们的纳税事宜变得更简单容易，并与其建立、保持良好的关系，保证这些纳税人始终自觉自愿地完成纳税义务。

---

① OECD. 管理与提高税收遵从——税收遵从风险管理的新动态（Managing and Improving Compliance: Recent Developments in Compliance Risk Treatments）[R]. OECD, 2009, 3.

第二类纳税人主观上想纳税，但因各种客观原因纳税不成功。税务机关应及时发现这类人群，通过宣传辅导咨询等各种方式为他们扫清完成纳税义务过程中的各种障碍，尽可能为其纳税提供方便，帮助他们实现税收遵从。

第三类纳税人是存在侥幸心理、不愿遵从的纳税人，如果税务机关不特别注意，他们也许就不会纳税。因此税务机关要特别加以关注，及时发现这类人群，通过提示提醒，以宣传手段晓以利害，不断阻止他们的不遵从意识转化为行为，并提供配套的服务措施，促使其完成纳税义务。

第四类纳税人不管税务机关是否提供服务都不会纳税。这一类纳税人是需要通过加大检查力度予以震慑和惩罚的对象。通过对第四类纳税人不遵从行为予以处罚以警示前三类纳税人，给前三类纳税人以信心，保障守法遵从、公平纳税环境的形成。

这一模型的价值在于使税务机关对纳税人行为有更清晰的了解，并揭示出税务机关的遵从策略。

第三节 纳税服务实践

一、纳税服务发展沿革

中国纳税服务的发展大体经历了纳税服务理念的引入与确立、纳税服务工作起步与探索、纳税服务发展与完善三个阶段。

（一）第一阶段：纳税服务理念的引入和确立（1990年至2001年）

从1990年9月全国税收征管工作会议提出"把税收征管过程看成是为纳税人服务的过程"开始，到2001年全国人大常委会修订并重新颁布的《中华人民共和国税收征收管理法》，第一次将纳税服务确定为税务机关的法定职责，纳税服务由原来的税务人员职业道德范畴上升到税务人员必须作为的法律范畴，明确了税务机关和纳税人双方的权利和义务，解决了征纳双方不对等的问题，为纳税服务奠定了法律基础。

——1990年9月，全国税收征管工作会议提出，把税收征管过程看成是为纳税人服务的过程。

——1996年7月，全国税收征管改革工作会议确定新的税收征管模式为

"以申报纳税和优化服务为基础,以计算机网络为依托,集中征收,重点稽查",首次把纳税服务明确为税收征管的基础工作。

——1997年,国务院批准国家税务总局的深化税收征管改革方案,"以申报纳税和优化服务为基础,以计算机网络为依托,集中征收,重点稽查"的新税收征管模式得以正式确立。

——2001年,全国人大常委会修订并重新颁布的《中华人民共和国税收征收管理法》,把为纳税人服务纳入税务机关的重要职责。

(二)第二阶段:纳税服务工作起步与探索(2002年至2007年)

从2002年8月国家税务总局在征收管理司成立纳税服务处,到2007年5月第一次全国纳税服务工作会议召开,我国的纳税服务工作实现了从无专门机构到有专门机构、从局部工作到整体部署的转变。2007年5月,第一次全国纳税服务工作会议召开,在系统总结纳税服务工作的基础上对纳税服务工作的开展进行了全面部署。

——2002年8月,国家税务总局适应转变政府职能的需要,在征收管理司内成立纳税服务处,负责全国税务系统纳税服务行政管理工作。

——2003年4月,国家税务总局下发《关于加强纳税服务工作的通知》(国税发〔2003〕38号),提出了加强纳税服务的十条指导性原则,对纳税服务工作提出具体要求。

——2005年10月,国家税务总局印发《纳税服务工作规范(试行)》,对税收工作中的税收征收、管理、检查和实施税收法律救济等环节的纳税服务工作做出了明确的规定。

——2006年12月,国家税务总局印发《关于进一步推行办税公开工作的意见》(国税发〔2006〕172号),系统地规范了税务系统推行办税公开工作的具体事项和要求,有效地促进了纳税服务体系建设。

——2007年5月,第一次全国纳税服务工作会议召开,在系统总结纳税服务工作的基础上,对纳税服务工作的开展进行了全面的部署。

(三)第三阶段:纳税服务发展与完善(2008年至今)

从国家税务总局设立负责组织、管理、协调全国纳税服务工作的纳税服务司开始,中国的纳税服务工作掀开了新篇章,中国的纳税服务实现了跨越式发展。

——2008年7月,国家税务总局设立了专为纳税人服务的司局级机构——

纳税服务司，负责组织、管理、协调全国范围内的纳税服务工作。

——2009年9月，国家税务总局印发《全国税务系统2010—2012年纳税服务工作规划》（国税发〔2009〕131号），为此后两年的纳税服务工作提出具体意见。

——2009年11月，《国家税务总局关于纳税人权利与义务的公告》（国家税务总局公告2009年第1号）明确了纳税人在履行纳税义务中拥有的权利和应承担的义务。

——2011年8月，国家税务总局印发《"十二五"时期纳税服务工作发展规划》（国税发〔2011〕78号），确定"到2015年末，基本形成以理论科学化、制度系统化、平台品牌化、业务标准化、保障健全化、考评规范化为主要特征的始于纳税人需求、基于纳税人满意、终于纳税人遵从的现代纳税服务体系"的纳税服务工作目标。

——2013年12月，国家税务总局提出税收现代化的建设目标，明确将构建优质便捷的服务体系与建立完备规范的税法体系、成熟定型的税制体系、科学严密的征管体系、稳固强大的信息体系、高效清廉的组织体系共同作为实现税收现代化的主要内容。

——2014年以来，国家税务总局连续开展"便民办税春风行动"，从着力解决服务意识、简政放权、办事效率、规范执法等方面存在的问题，实现了紧盯问题、突破瓶颈、不断优化服务、切实减轻纳税人办税负担的工作目标。便民办税"春风"实现了四季常新、持续发力，打造了纳税服务的亮丽品牌。

——2014年7月，国家税务总局发布《纳税信用管理办法（试行）》（国家税务总局公告2014年第40号），进一步规范纳税信用管理，促进纳税人诚信自律，提高税法遵从度，推进社会信用体系建设。

——2014年10月，《全国税务机关纳税服务规范（1.0版）》在全国范围内实施，2015年3月推行覆盖省、市、县三级的《全国税务机关纳税服务规范（2.0版）》，2019年11月推行《全国税务机关纳税服务规范（3.0版）》，为各级税务机关标准化、集约化开展纳税服务工作提供了有效的制度支撑，更为各项重点改革工作任务的有效落实奠定了坚实的基础。

——2015年12月，中共中央办公厅、国务院办公厅印发《深化国税、地税征管体制改革方案》，明确提出推动服务深度融合、执法适度整合、信息高度聚合的工作要求,各地国税机关、地税机关全方位开展了纳税服务领域国地税合作。

——2017年5月,《涉税专业服务监管办法(试行)》(国家税务总局公告2017年第13号)发布并于2017年9月1日执行,有效地贯彻落实了国务院简政放权、放管结合、优化服务的工作要求,有助于扩大涉税专业服务市场,充分发挥有偿涉税专业服务的作用,合理优化了税务机关纳税服务的资源配置。

——2018年,深化国税地税征体制改革,省级和省级以下国税地税机构合并,全国税务系统按照"稳定优先、分类推进、便捷办税、协同高效"原则,全面实现办税服务厅"一个标识""一厅通办""一次办结""一套资料"、12366热线税费咨询"一人通答"、税务局"一网通办"。省、市级税务局设置纳税服务处(科)和纳税服务中心,县级税务局设置纳税服务科(股)和第一税务分局(所),纳税服务机构不断健全、纳税服务队伍不断壮大。

——2019年1月,国家税务总局纳税服务司成立小微企业服务处,负责小微企业纳税服务等工作。专业的小微企业服务机制逐步确立,有针对性的服务举措不断创新。

——2021年3月,中共中央办公厅、国务院办公厅印发《关于进一步深化税收征管改革的意见》,明确提出深化税收征管制度改革,深入推进精确执法、精细服务、精准监管、精诚共治的要求,大幅提高税法遵从度和社会满意度,明显降低征纳成本,充分发挥税收在国家治理中的基础性、支柱性、保障性作用,为推动高质量发展提供有力支撑;提出到2023年,基本建成"线下服务无死角、线上服务不打烊、定制服务广覆盖"的税费服务新体系。

二、纳税服务主要内容

经过多年实践,税务部门形成了自身对纳税服务主要内容的理解和定位。

1. 纳税服务的依据。纳税服务应以法律、法规的形式,将纳税服务的范围、基本要求和基本方式固定下来,使之成为税收工作的基本部分。它是基于法律对税收征纳双方的权利与义务的要求而产生的,体现了征纳双方的地位平等性。税务机关的纳税服务本质上属于依法行政的范畴,是一种法定的行政行为,必须依法规范。

2. 纳税服务的范畴。纳税服务贯穿于税收工作的全过程。具体地讲,纳税服务应当包括：税前——为纳税人提供公告、咨询、辅导服务，提高纳税人依法履行纳税义务的能力；税中——为纳税人创造条件，以使纳税人能够更方便快捷准确地履行纳税义务；税后——为纳税人监督投诉、争议仲裁、损害赔偿提供方便和快捷的渠道。

3. 纳税服务的主要方式。纳税服务是税务机关为全社会纳税人提供的服务。纳税服务不是某一个或者某几个税务人员的个人行为，而应当是税务机关的行政行为。

4. 纳税服务的目的。纳税服务是为了让纳税人降低纳税成本，从而提高税法遵从度。纳税成本的降低可以表现为直接的经济利益，也可以表现为纳税人在纳税方面的某些便利，如材料的简并、纳税时间的缩短等。

5. 纳税服务的内容。纳税服务的内容主要包括税法宣传、纳税咨询、办税缴费服务、纳税人权益保护、纳税信用管理和社会协作6个方面。

第四节　纳税服务发展趋势

税收在国家治理中发挥着基础性、支柱性、保障性作用。2018年，社会保险费和非税收入征收职责按要求逐步划转税务机关，优化高效统一的税费征管体系有效构建，纳税服务对象由纳税人向纳税人和缴费人转变，税费服务体系不断升级，业务办理、需求管理、纳税人权益保护、社会化服务等更加优化。围绕"始于纳税人需求，基于纳税人满意，终于纳税人遵从"的目标，我国税务部门着力构建便捷的税费业务办理体系、科学精准的税费服务需求响应体系、严密规范的纳税人权益保护体系和健康成熟的社会化税费服务体系。

一、便捷的税费业务办理体系

围绕服务纳税人办税全流程，打造一体化税费服务平台，实现纳税人办税更加智慧简约，征纳互动全程融入，服务提醒功能完善，实现税费服务便利化、智能化、集约化、高效化转型。

（一）智慧办税应用

基于税费服务的数字化转型，办税模式向"线上自主办理为主、线下协助办理为辅，双向实时互联互通"转变，办税方式向"数据预填、要素申报、税费联办"转变,办税手段向"智能化、数字化、场景化"转变。实现主要涉税业务全程网上办,一件事一次办、全国通办。

(二) 全程征纳互动

以税收大数据为驱动力,依托云计算、人工智能等技术,引入行为洞察、元宇宙等研究成果,着力构建"精准推送、智能交互、办问协同、全程互动"的征纳互动服务,建立"辅导办理一体化、流转处理扁平化、税费服务场景化"的征纳互动服务运营机制,将智能、高效、精准、便捷的互动融入税费服务的全过程。

(三) 服务帮助提醒

为存在办税阻滞的纳税人提供"线上申请处置"和"线上预约选择"的异常事项处理模式、风险预判和信用状况的自身成长帮助、"一事一评"和全程评价等多种评价选择,让纳税人可知、可评、可改。

(四) 精准推送

实现由信息系统自动推送优惠政策、操作指南、风险预警等个性化服务内容,加快从政策辅导型推送为主向需求响应型推送为主转变、从受理咨询式政策服务为主向主动推送式政策服务为主转变。

二、科学精准的税费服务需求响应体系

通过对纳税人需求的全程跟踪管理、全面收集、深入分析、及时响应纳税人需求,推动纳税人需求管理模式再造、工作方式转型。

(一) 广泛归集需求

整合纳税人端、税务端、政府相关部门政务服务办事系统和社会化专业服务机构需求,并纳入需求管理数据库,予以分类标识、扎口管理。纳税人端需求以智慧办税全流程自动甄别、纳税咨询库自动筛选等"无感"方式为主,以门户网站、纳税人学堂等主动征集方式为辅。税务端需求包括税务机关在执行税收政策、提供税费服务、加强税源管理、实施纳税评估、开展税务稽查等活动中收集的意见建议。相关部门需求包括通过国家、省、市级政务服务办事系统或数据共享交换获取的涉税服务需求。社会化专业服务机构需求包括涉税专业服务机构等第三方机构或社会团体的涉税服务需求。

(二) 深入分析需求

以系统智能处理为主,通过识别定义需求数据、精准描绘纳税人需求画像、建立分析模型、派发需求任务等方式建立科学合理的需求数据分析模型。

1. 识别定义需求数据。初步识别各类服务需求，剔除骚扰信息、垃圾信息、重复信息等，按需求重复数量、时效性、重要性等排序，定义多种类型需求标签。

2. 精准描绘纳税人需求画像。按照"一户式""一人式"形成纳税人需求画像，分别从纳税人基本信息描绘基础信息画像、按照纳税人在办理涉税业务过程中的具体行为描绘行为轨迹画像、对有共同特性的纳税人分群体精细画像，为精准服务不同纳税人提供数据基础。

3. 建立分析模型。从税收政策、征收管理、税费服务、权益保护等方面建立需求分析模型，对一定时间段纳税人需求数据进行综合分析，建立趋势分析模型，论证分析需求对改进工作的必要性和可行性，提出应对建议和改进策略。

4. 派发需求任务。根据需求所占比率、提出频率、涉税相关程度等，研判需求优先级。按照需求轻重缓急，明确近期、中期、远期改进目标和内容，生成精准化需求清单。与税务机关权责体系相对应，按税收政策、征收管理、税费服务、权益保护等一级分类，结合纳税人规模、性质、行业和涉及相关税费种等二级分类，自动派发需求清单。按需求应对层级及部门，确定派发对象、责任部门、应对时限等。

（三）积极响应需求

充分利用多元渠道，分需求类别采取不同响应策略，在规定时限内按应答策略反馈纳税人。对共性需求，通过税费服务平台、微信公众号、门户网站、纳税人学堂等渠道启动线上响应；对个性化需求，通过邮件、电话等渠道启动远程响应；对重大特殊需求，通过预约等方式启动面对面响应。利用网络问卷、电话、邮件等多渠道，从税收政策优化、税费管理措施改善、税费服务措施改进、纳税人权益保护完善情况，对需求响应满足度、需求响应及时性进行反馈回访，促进持续改进。

三、严密规范的纳税人权益保护体系

将纳税人权益保护贯穿税收工作始终，从权益内容、运行机制、组织保障等方面促进纳税人权益保护体系向全程、严密、一体化发展，切实保障纳税人合法权益。

(一) 依法确定纳税人权益保护内容

根据法律法规、部门规章及税务规范性文件的规定，确定纳税人权益保护内容，实现还权明责。

1. 注重保护私权利。将《中华人民共和国民法典》的立法精神融入税费服务全过程，注重对纳税人商业秘密、个人隐私信息的保护。

2. 全面保障基本权利。尊重纳税人自主履行纳税义务的法律地位，不随意干预依法应由其自主决定的经营涉税事项。保护纳税人知情权、参与权、表达权、监督权等基础权利，注重保护其程序性和实体性权利，强化保护其期限性利益。

3. 平等保护政策性权利。税务部门在制定或落实税收优惠、实施管理与服务时，考虑不同市场主体的特点或实际情况，实行平等保护。

(二) 突出保护特殊群体合法权益

兼顾形式平等与实质平等，使纳税人得到公平对待。

1. 突出中小企业权益保护。结合中小企业数量多、经济基础差、管理制度松散、纳税意识和办税能力相对不高等特点，健全诉求快速响应机制，定期分析涉税诉求，保障中小企业顺畅办税、及时享受税收优惠政策，鼓励涉税专业服务机构为中小企业提供财税服务。

2. 加强自然人纳税人权益保护。针对自然人纳税人数量多、分布广、差异大等特点，建立适合自然人特点的权益保护机制，畅通维权渠道，降低维权成本，保障涉税信息安全。

3. 加强特殊时期权益保护。密切关注重大改革推进实施等特殊时期集中出现的群体性权益诉求，快速有效处理，及时跟踪分析，保障改革平稳过渡。

(三) 优化纳税人权益保护机制

围绕纳税人权益保护需求，建立权益保护机制。

1. 完善政策制定参与机制。在制定税费法律法规、规章和规范性文件前，充分听取纳税人意见或建议，保障纳税人参与权。

2. 完善权益审核机制。涉及纳税人权利义务的税务规范性文件，正式发布前须经纳税服务部门进行权益审核；涉及纳税人商业秘密和个人隐私数据，须经纳税服务部门权益审核后对外提供，保护纳税人私权利。

3. 完善办税公开机制。明确办税公开流程，提高公开审核效率，实现涉税信息依法及时公开，充分保障纳税人的知情权。

4. 完善税收争议解决机制。完善服务投诉、税收争议（指未达到行政复议、诉讼程度的争议，下同）解决工作标准和操作流程，做好税收争议解决与税收法律救济的有效衔接，充分保障纳税人法律救济权。

（四）畅通纳税人维权通道

建立线上线下互融互通的纳税人维权渠道，为纳税人提供全过程透明化、智能化维权服务。

1. 提供全流程维权受理渠道。在网上办理各事项中嵌入维权功能，同时设置纳税人维权模块，提供线上维权申请可自主撤销、补充相关资料、网上查询办理结果等功能。统筹归集并反馈各渠道的维权事项，实现维权结果线上反馈。

2. 建设集成化维权办理中心。推进办税服务厅职能转型，逐步建设成为兼具权益救济功能的服务场所，受理、处理线上线下提起的服务投诉、税收争议等事项；实行投诉、税收争议事项扎口由纳税服务部门统筹管理。

四、健康成熟的社会化税费服务体系

充分发挥涉税专业服务机构及其行业协会、税收服务志愿者组织等社会组织的积极作用，加强与政府部门和社会组织的沟通协作，实现税费服务由税务机关"一元"供给向相关社会主体广泛参与的"多元"供给转变，进一步拓展税费服务的广度和深度，构建成熟规范的社会化税费服务体系，形成税收共治局面。

（一）培育规范健康的涉税专业服务市场

涉税专业服务机构是社会化税费服务的主体力量，规范、健康的涉税专业服务市场可以有效满足纳税人个性化、多样化服务需求，让纳税人"随心选""放心用"。

1. 有序引导行业竞业。税务师事务所、会计师事务所、律师事务所、代理记账机构、税务代理公司、财税类咨询公司等市场主体在涉税专业服务市场公平竞争。涉税软件服务商等各类新兴市场主体进入涉税专业服务市场，利用新业态、新模式、新产品为纳税人提供高水平专业化税费服务，推动涉税专业服务市场不断发展壮大。

2. 持续加强行业监管。税务机关综合运用实名制管理、信用评价与记录、公告与推送等多种措施，形成以信用监管为核心、覆盖涉税专业服务全过程的监管体系，实现涉税专业服务机构及人员统一身份认证、各项涉税业务留痕办理、实名确认并给予信用记录和评价。强化信用评价结果运用，加强守信激励和失信惩戒，促进涉税专业服务机构依法诚信执业。

3. 不断优化分类服务。推行以信用为基础的分类服务措施，为信用等级高的涉税专业服务机构提供批量申报、定向辅导、专线咨询等特色化服务。加强对涉税专业服务机构的政策宣传辅导，将涉税专业服务机构作为税费服务的杠杆和支点，通过杠杆效应、乘数效应，使税费服务质效最大化。

(二) 发展多元的社会化服务组织

1. 指导联系税务师协会、注册会计师协会、律师协会、代理记账协会等涉税行业协会，支持其加强行业自律管理，促进会员提高执业质量和服务水平。

2. 扶持发展税收志愿服务组织，鼓励引导税收志愿服务，形成全国稳定的税收服务志愿者队伍，依托社会化服务平台和乡镇、街道、社区等基层组织，为低收入群体和有特殊困难的纳税人提供税法宣传、政策咨询、纳税辅导、帮助建账记账、免费代办等服务。

(三) 建立有效的沟通合作机制

1. 建立与社会化服务组织的常态化沟通渠道，在税收政策制定、执行和宣传辅导过程中，认真听取涉税专业服务机构及其行业协会的意见建议。

2. 与涉税行业协会、税费服务志愿者团体、街道社区等建立长期合作关系，发挥社会化服务组织与纳税人联系密切的优势，支持社会化服务组织为纳税人提供咨询辅导等服务。

3. 通过政府采购或有偿委托等形式，在税收政策宣传辅导、纳税咨询、税费服务方式创新等方面购买涉税专业服务，缓解税务机关税费服务资源的不足。

4. 提升跨部门共服共治能力。加大外部数据的共享和使用力度，加强与市场监管、海关、公安、银行、医疗卫生等政府部门的密切协作，推进税费服务与其他政务服务无缝衔接。转变治理理念，推进共建政务信息共享体系，推行证照电子化互认、深化发票电子化应用，实现以政府部门为维度向以纳税人主体为维度的转变，提升跨部门共服共治通办统管能力。

第五节 纳税服务国际经验借鉴[①]

一、纳税服务理念的借鉴

(一) 从管理到服务的转变

自 1990 年以来，各国税务机关的管理理念经历了从强制管理向纳税服务转变的过程。所谓强制管理即税务机关在税收活动中占据主导地位，纳税人只能被动接受税务机关的行政命令和处理处罚。相应地，纳税人的税收遵从主要依赖税务机关的执法强度和惩治力度。当税务行政机关不堪行政重负而转向要求纳税人自行申报时，税务机关与纳税人之间这种管理与服从、"警察与小偷"的关系模式就无法适应形势发展需要，新型税收征纳关系的建立也成为必然。正如西方学者在对税收自愿遵从深入研究后所发现的那样：视纳税人为"小偷"的税务机关可能会建立一个命令和控制的环境，在这样的环境下，纳税人会通过采取各种理性的途径来试图逃离税务机关的管辖；将纳税人视为"顾客"的税务机关则有可能建立一个合作和互信的环境。一个"警察与小偷"的环境可能导致理性但自私的决策；而在一个合作的环境中，自愿遵从更依赖于在税收过程中纳税人的表现，主观理解、态度、规范和公众的感知都将对纳税人的遵从行为产生很大的影响。[②] 如果税务机关要实现提高纳税人自愿遵从的目标，就应该摒弃传统的高压强制策略。荷兰国际财政文献局（IBFD）研究显示，纳税人更乐于接受税务机关积极的、提供帮助型的行政方式。这一研究成果加上现实征纳关系矛盾的激化，直接促成了西方国家税务行政管理理念从强制向服务的根本转变。

现在无论是发达国家还是发展中国家，都已经或正在将纳税服务理念和机制引入税收活动中，为纳税人提供优质、高效的服务已成为世界各国税务机关的共识。

[①] 国家税务总局纳税服务司. 国外纳税服务概览[M]. 北京：人民出版社，2010：1-26，81-108，148-172.

[②] 马特海斯·阿林可，等. 荷兰税务管理之道[M]. 益阳市国家税务局，等译. 长沙：湖南人民出版社，2013：58.

加拿大是最早（1917年）实行纳税人自行纳税申报的国家。20世纪70年代末和80年代初期，随着纳税人权利意识的苏醒与确立，税务局的强制管理方式遭到民众的普遍指责，认为税务机关的行政方式是"盖世太保"作风，对纳税人的合法权利漠不关心。这一问题在1984年加拿大联邦选举中成为议论的焦点。新政府上台执政后即着手对税务行政进行彻底变革，首要目标是将税务局从强制机构改造为服务机构。具体措施包括：1985年颁布《纳税人权利宣言》，明确表示尊重和保护纳税人权利；1991年颁布一系列公平法案（Fairness Package），授予税务机关在特定情况下免除纳税人的利息、免予处罚和批准延期申报等自由裁量权；各级税务机关内设一个或多个公平委员会（Fairness Committee），负责接受和处理纳税人提出的减免申请。直到今天，加拿大税务局仍将服务置于其首要职责，致力于不断完善为纳税人服务、着力打造以顾客为中心的行政理念和文化。

荷兰是20世纪80年代末期进行税务行政理念变革的另一个成功范例。其税务行政从政府本位转变为纳税人本位，税务机关从过去以任务为导向（按照不同的税种和任务设置部门）转变为以市场为导向（以其服务的纳税人为中心），税务机关称纳税人为顾客，内部机构按照业务功能予以重组，为每一个企业纳税人指定一名协调官员，保证纳税人只需要与一个部门的一个官员联络即可办理所有涉税事项。同时将企业现代化管理的理念与方法融入税务行政管理，宣称其基本价值观为"可信赖的、负责任的、切实为纳税人服务的"，即税务机关的行为值得纳税人信赖，以其独立性和不受利益团体干扰为保证；税务机关及其职员对其行为负责任，以行政公开和透明为保证，要求税务人员告知信息清晰准确、行动迅速、尊重和帮助纳税人并信守协议和承诺。在其2012年的战略规划中，其新的战略目标是"最大可能地提升纳税人履行义务的遵从度"，新的工作职责是"为整个社会提供服务工作，服务的重点对象是纳税人，主要目的是提升纳税人履行义务的意愿"。[①]

新加坡国内税务局提出的目标是"税务管理在国际上要居于领先地位，由受到良好培训的、专心工作的税务人员提供优质服务"（该局从1992年开始改革，将部门式的收入管理改为独立的税务局，以提高税务管理的灵活性，并方便雇用高技术人才）。同时，他们把没有完整性的以税种为基础的组织结构，

---

① 马特海斯·阿林可，等. 荷兰税务管理之道[M]. 益阳市国家税务局，等译. 长沙：湖南人民出版社，2013：17.

改为以功能为基础的为纳税人提供"一站式"服务的组织结构。这一新结构减少了原有机构中存在的功能重复问题。新加坡国会还通过法律,允许国内收入局按照企业化经营方式承包税收任务,并同意在承包费内,税务人员的薪酬待遇按照中产阶级的收入标准来确定。

韩国国税厅近年来非常重视税收发展战略,突出以纳税人为本,提出国税工作的基本方向是"温暖税务",即税务机关要摆脱像机器一样冷酷执法的权力机构形象,通过真心了解、帮助国民和纳税人,不让纳税人感到冤枉和负担过重,而让纳税人轻松、自主地申报纳税,从而树立和巩固透明清廉、造福于民、中立公正的税务形象。据此,韩国国税厅提出其使命是公正确定、透明执法;目标是做世界超一流的国家机关;战略是通过便利而安全的纳税、公平而确定的课税、奉献而服务的态度、快活而舒适的环境,让国民感受到税收行政的温暖。

许多国家都将纳税服务作为战略目标之一。美国较早提出了为纳税人服务的概念,其基本含义是税务机关通过各种途径、采取各种方式为纳税人服务。1998年7月,美国国会通过了《联邦税务局再造和改革法案》,明确税务机关的任务是通过改革创新,不断满足纳税人的需求,更好地筹集税收收入。为了实现这一任务,联邦税务局将使命确定为"通过帮助纳税人理解和履行纳税义务,统一公平地执行税法,为纳税人提供最高品质的服务"。为践行这一使命,在其后推出的各阶段的战略规划中,都将"改进纳税服务"作为首要战略目标。

黎巴嫩财政部从21世纪初开始,以"优化服务工作程序和流程,提供优质和快速服务,为纳税人主动遵从提供便利,促进主动遵从"作为其战略目标。由于其纳税服务在"增加透明度、改进服务"方面有突出作为,获得了2007年度联合国公共服务奖。

爱尔兰在2008—2010年税收战略规划中,把"减少纳税人履行纳税义务所需时间、降低履行义务的难度、及时退税和强化税收援助"作为重要战略目标,并为大企业量身定制申报方式。在其2011—2014年的税收战略规划中,提出"通过公平有效地征收各种税收及关税,实施海关监管,实现服务社会的目的"。

南非在2012/2013—2016/2017年度税收战略规划中明确,近年来,南非税务局一直致力于提高纳税服务水平、教育公众使其理解自身纳税义务并查处制止不遵从行为。

匈牙利税务局在2011—2015年五年规划中指出，为达成使命，要建立真正的政府管理，体现社会信任和尊重，维护税收文化的价值。[①]

(二) 以纳税人为中心设置机构

为了提高征管效率，各国税务机关的组织架构围绕提高效率和提供服务等目标进行了重大改革。总的来说，从早期按照"税种"模式（以税种划分）逐渐过渡到按照"职能"划分为主，即按照业务职能分类（例如登记、申报、征收、审计、会计和上诉等）来组织人员和确定科室。这种机构设置模式有效避免了"税种"模式的功能重叠、效率不高和纳税人多部门申报的缺点，使跨税种的工作程序更专业化，方便纳税人办税，也有利于税务行政绩效管理，但这种模式也有自身的局限和不足。例如，功能的分化可能导致交叉和服务不一致，因为标准化可能对某些税务行政工作不适宜；对于纳税人的混合型行为以及不同的税收遵从态度缺乏灵活的应对方法等。为此，西方发达国家（澳大利亚、美国）近年来推出了新的组织模式——纳税人群体或者类型模式，即主要根据不同群体的纳税人（如大企业、中小型企业、高额净资产个人等）来组织税务机关的服务和履行职能。通过采用这种模式，机构设置减少了管理层次，朝扁平化的方向发展，更有利于根据不同的纳税群体特征与税收遵从行为，实施风险管理和提供个性化服务。

根据OECD 2013年对52个国家的调查，澳大利亚、美国、英国、爱尔兰、法国等多个国家均采用了按纳税人类型设置税务机构的组织模式，而奥地利、德国、墨西哥等国采取了按纳税人类型设置与功能设置相结合的混合型组织结构。有44个国家的税务部门已建立了包括管理大企业税务事项的专门内设机构。另外，为呼应纳税人需求，许多国家的政府都设置了专门机构，处理政府机构（包括税务部门）与公民和企业之间发生行政行为时产生的投诉，在被调查的52个国家和地区中，有18个国家的税务部门设有监察专员办公室或者功能相当的机构，负责处理纳税人投诉（包括非税事务投诉），10个国家设立了专门机构，专职处理公民和企业对税务部门作为或不作为的投诉，还有5个国

[①] 爱尔兰、南非、匈牙利情况参见OECD发布的《税收征管（2013）：OECD与其他发达及新兴经济体可比信息》.

家在税务部门内部设立独立处理纳税人投诉的部门。①

二、纳税服务绩效管理借鉴

(一) 典型国家纳税服务绩效管理经验介绍

1. 政府绩效评估与管理简述。

政府机构对自身的组织绩效实施评估作为新公共管理的主要内容，承载着加强政府责任、提高政府效率的重任。政府绩效评估的一个重要组成部分——纳税服务绩效评估，已经成为美国、日本、英国等许多发达国家推动纳税服务工作深入开展，不断提升纳税服务水平，促进纳税人提高税法遵从度和税务机关规范管理、提高行政效率的一个有力工具。

从发展过程来看，政府绩效评估与管理始于第二次世界大战期间。其标志是，在理论研究方面，美国行政学者赫伯特·西蒙 (Harber Simen) 等对行政效率改进和评估提出了非常有益的建议，主要思想在克莱伦斯·雷德 (Clarence Leder) 和赫伯特·西蒙1938年合作出版的《市政工作衡量：行政管理评估标准的调查》以及赫伯特·西蒙1947年出版的《管理行为——管理组织决策过程的研究》中得到了集中体现。大规模的公共部门绩效评估研究和实践始于20世纪70年代，西方发达国家为解决经济停滞、管理危机、财政危机和公众对政府满意度下降等问题，掀起了重塑政府的改革运动。在这场新公共管理运动中，1973年美国尼克松政府颁布的"联邦政府生产率测定方案" (The Federal Goverment Productivity Measurement)、1979年英国开展的"雷纳评审" (Rayner Scrutinies) 等，均力图使政府绩效与管理系统化、规范化、经常化，开创了政府绩效研究和实践的新局面。20世纪80年代以来，关于绩效预算公共管理的技术与方法等理论研究方面的著作和论文大量涌现，使绩效评估和方法成为英国、美国、澳大利亚、新西兰、加拿大、荷兰、法国等西方国家政府部门管理中的一件有力武器，大大推动了政府绩效评估的实践活动。进入20世纪90年代后，随着新公共管理和政府再造运动的进一步发展，政府绩效评估的进一步规范和深化，一些新兴工业化国家也加入到了政府绩效改革运动之中。日本国税厅建立了一套实绩评价体系，强调对行政任务的绩效进行评价，

---

① OECD. 税收征管 (2013)：OECD与其他发达及新兴经济体可比信息[R]. 国家税务总局国际税务司，译，2014：41.

并于 2010 年开始试点实施，后又形成"动态调整型"与"目标管理型"两种类型的制度模式，加强了绩效管理的灵活性和目标性，在评价过程中引入第三方评价机制，以提高考核评价的客观性和专业化水平。

从主要内容来看，在这场"以企业家精神改革政府"的运动中，绩效评估与管理这个普遍应用于企业管理中的概念被引入政府管理，要求政府注重绩效，提高政府工作人员的服务意识、服务能力和服务质量，重塑政府和社会的关系。具体而言，政府绩效评估是一些特定评估活动的总称，既包括将政府的项目或活动的成就与预期目标或绩效标准相比较的日常测量活动，也包括对项目或政策的重要方面进行客观可信的、定期的系统评价活动。

从评估标准上看，政府绩效评估分为两种，一种是对政府活动及其结果的评估（内部评估），另一种是对政府能力的评估（外部评估）。进一步说，政府绩效评估一方面作为技术工具，体现出明显的管理主义倾向，是一种以结果本位的管理控制机制；另一方面它以服务质量和顾客满意为首要评估标准，体现了服务和顾客至上的管理理念，是新公共管理运动以顾客为导向理念的延伸。随着绩效计划、绩效管理方法、绩效评估主体、绩效评估指标、绩效评估定量分析等一套科学合理的政府绩效评估体系与管理机制的建立，政府绩效评估受到了广泛关注，并在促进民主政府建设、强化政府责任意识和工作透明度以及提高政府效率和信用方面发挥了有益作用，成为许多国家倍加推崇的政府改革工具。

2. 纳税服务绩效评估是政府绩效评估的重要组成部分。

20 世纪 90 年代中后期，随着顾客导向、服务质量为本成为西方发达国家行政改革的主题，政府绩效评估的目标、内容和标准等也转变为以服务对象为中心。①

一方面，这种新趋势的核心内容已经在西方发达国家制定的具体财政税收战略规划中充分体现出来，将纳税服务绩效评估逐渐纳入整体的行政管理领域的绩效管理框架之中，寻求以一种更协调、更整体的方式去管理绩效，推动绩效评估系统有效运行，具有结合性和整体性，并已成为政府绩效评估的一个重要组成部分；另一方面，西方发达国家制定的整体性政府战略规划中的绩效指标与评估，已经包括了纳税服务绩效考评指标，具有如下三大共同特点。

---

① 秦国民. 西方国家政府绩效评估的新趋势[J]. 中国行政管理，2008(5).
张宪法. 论新公共管理下的政府绩效评估[J]. 当代财经，2005(1).

（1）设置"以纳税人为中心"的公共服务目标（"整体政府"公共服务模式在公共服务供给中注重以公共服务质量为基础，以纳税人为中心，体现公共服务供给的公平性。这不仅可以满足纳税人的一般性需要，而且可以满足不同群体的差异性需要，促使公共服务走向均等化。比如，在欧盟税务蓝图中，各项综合目标下的子目标几乎都是从纳税人角度来设置的。

（2）把公共服务目标与纳税服务工作的绩效考评目标紧密结合在一起。南非、加拿大、新西兰、荷兰、爱尔兰、英国等税务部门，已将纳税服务多项绩效考评指标纳入税务工作大目标之中，如期限内及时处理纳税人来信问题、削减信息和通信技术复杂性项目等，使以纳税人为中心的理念付诸实际，进而促进税收遵从度提高。

（3）将绩效考评的定性与定量评估有机结合在一起。英国、荷兰、爱尔兰、南非以及加拿大等，均在战略规划定性的大目标之下，通过细化和量化具体的子目标评估指标测评税务工作，来推进公平、有效、透明的税务行政运营。

3. 多层次、多指标的纳税服务绩效评估指标体系。

从主要发达国家战略规划以及美国国内收入局、日本国税厅推进绩效管理实践过程中可以看出，各国针对本国国情设立的多层次、多指标的纳税服务绩效评估复合体系具有如下三个显著特点。

①多层次、多指标的纳税服务绩效评估复合体系是各国税务机关绩效评估指标体系的重要组成部分，其自身体系（综合目标、业绩目标、参考指标等）既有针对性和重点性，在对纳税服务核心业务进行绩效评估的同时，兼顾对纳税人权利救济工作、税务中介服务的绩效考评；又有现实性和长远性，根据税务机关年度工作的具体安排，确定当年度纳税服务重点工作目标的绩效考评，同时不断推进对中长期纳税服务规划目标绩效评估的具体落实，从而扎实推动和提高纳税服务工作质量。

②纳税服务绩效考评综合目标与业绩目标的设置层次分明，各项内容清晰、简洁，能够在遵循公开、公平、公正、客观的原则下，从经济、效率、效果、公平四个方面来具体评估纳税服务质量。

③纳税服务业绩目标与业绩评估指标和参考指标的设置层次分明，多项评估和参考指标得到进一步细化，可使评估的可量化性和可操作性更强，能够更加真实地反映纳税服务情况，有助于从多方面、具体的业务上改进和完善纳税

服务工作。

总之，利用多层次、多指标的复合体系进行纳税服务绩效评估，一方面可以降低评估工作的难度，提高指标权重的精确度、科学性和可操作性；另一方面能够更为清晰地看出税务机关在提高纳税服务质量方面是否卓有成效。

4. 来自内外部的纳税服务绩效监督。

一般而言，政府绩效评估与监督是评估主体对与被评估对象有关的绩效信息进行观察、收集、组织、储存、提取、整合和测算的过程。在此过程中，评估主体不是绩效信息的被动"观察者"和"收集者"，而是能动的"信息加工者"和"测算者"。因此，如何选择合适的评估主体，对评估结果的可信性和有效性有着极大的影响。

（1）内部监督。西方发达国家政府绩效评估应用和推广的实践显示，对政府绩效进行评估的动力主要是来自政府机构，自我评估和检查或在中央政府内设管理机构负责评估，是绩效评估的一种重要形式。如日本国税厅长官官房中内设的"监督评价官室"、南非税务局设立的独立于其他分局的"服务监督办公室"、爱尔兰税务局设置的"执行评估司"，均承担税务机关绩效评估与监督的职责。[①] 纳税服务的监督，虽然是在明确各部门、各岗位纳税服务职责的基础上，对纳税服务工作的绩效评估和量化考核，但其评估和量化考核是置身于税务机关绩效评估与监督之中，由税务机关内设管理机构负责评估。

（2）外部监督。主要发达国家在税务机关绩效评估与监督的实践过程中，不仅重视内部监督，而且也都十分重视加强税收权力的外部监督与制约机制建设。各国针对本国国情而建立的税务机关绩效的外部监督机制主要有以下三种形式。

①议会监督。议会监督基本成为主要发达国家税务机关绩效评估外部监督的主要形式。如美国、加拿大、日本、英国等国会每年都要对税务机关绩效（内含纳税服务绩效）管理进行评价，并将评估报告公布于众，评价内容主要有以下三项。

第一，绩效评估报告已经陈述当年度绩效计划中确立的绩效指标，同时要对实际取得的绩效成绩和年度绩效计划中确立的绩效指标进行比较和分析。

第二，检查是否达到了当年度的绩效目标，对比当年度完成绩效目标的情

---

① 国家税务总局纳税服务司. 国外纳税服务概览[M]. 北京：人民出版社，2010：207-232，354-380，416-434.

况,评价当年度的绩效计划。

第三,如果没有达到绩效目标,要说明没有达到的原因,以及将来完成绩效目标的计划和时间表,如果某个绩效目标是不实际的或不可行的,要改进或终止目标计划。

②政府监督。各国针对本国国情设立了不同的政府监督机构,以定期或不定期的方式对税务机关的管理情况进行审查,重点对税收计划、税法执行、纳税服务以及内部控制系统的运作情况进行客观、独立的审查,以保证税务机关行政管理高效、纳税服务到位。比如,美国的政府问责局、总统行政管理和预算局、国内收入局监督委员会、国内收入局咨询委员会等,澳大利亚的税务理事会和税务检查委员会,南非的税务委员会等,均为政府对税务机关的外部监督机构。

③社会监督。社会对税务机关的税务执法活动、行政管理以及纳税服务的监督主要有社会舆论监督和纳税人监督两种形式。新闻媒体介入监督税收执法过程是不可忽视的社会力量。比如,英国的纳税人对税务部门的执法有疑义时,可以到新闻媒体投诉,由税务部门公开答辩。这一方面是对税务部门执法过程的监督,另一方面也是一个普及税法的过程。另外,澳大利亚、爱尔兰、日本等国税务机关定期开展面向纳税人、企业等的纳税人满意度调查。英国、美国等国家也出现了大量的政府绩效评估民间机构,如美国的"坎贝尔研究所",以民间机构的名义对政府展开了大规模的绩效评估活动,其中也有纳税人满意度调查,站在纳税人角度来监督税务机关行政管理效率和纳税服务质量。

总之,无论是联邦制国家还是单一制政体国家,基本都建立了政府绩效评估的内外监督机制。它们具体制定和实施的税收战略规划或绩效考评实施计划,不仅是战略目标与税务工作绩效考评目标和评估指标的整合体,而且也是绩效考评与监督的结合体。各个政府机构在执行战略规划或实施计划之后,提交给国会的绩效评估报告及其在网站公布绩效评估报告的过程,就是接受国会和民众的监督过程,在这一过程中,公民和民间机构的广泛参与不仅有助于政府绩效评估设计出更适合顾客需要和提高满意度的绩效指标,进一步提高政府的公信度,同时也激发了广大公众参与和监督政府绩效评估的主动性和积极性。

(二) 国外经验对我国纳税服务绩效管理的启示

纳税服务绩效评估是政府绩效评估的一个重要组成部分，它不但清楚地表明政府开展纳税服务要达到的目的、明确的方向，而且有利于民众实施监督，使政府更好地承担公共责任。目前，在税务管理工作日趋复杂，纳税人对税务信息化的要求更高，税收管理全球化挑战加剧，企业经营模式发生重大变化的情况下，通过纳税服务绩效目标的制定，对税务部门提出了清晰的方向和重点，这一方面可以促进各级税务部门改善纳税服务，提高税务部门工作效率；另一方面，作为绩效管理体系一部分的纳税服务绩效评估，也为广大公众参与和监督税务工作提供了平台，有助于保证好的纳税服务做法得到推广，差的服务绩效得到处理，从而提高政府的公信度和纳税人的税法遵从度。

我国纳税服务绩效管理处于刚刚起步阶段，应从西方主要发达国家纳税服务绩效评估的发展过程中，学习建立符合我国国情的纳税服务绩效评估体系。

1. 纳税服务绩效评估趋于法制化、制度化。

包括纳税服务绩效评估在内的政府绩效评估与管理法制化和制度化是国外政府绩效评估与管理的重要发展趋势之一。要使政府绩效评估成为政府定期、持续的常规性工作，就要建立相应的法律和法规，促进纳税服务管理活动更为规范、健康地发展。

2. 纳税服务绩效评估目标和标准凸显"以纳税人为中心"的理念。

随着税务管理工作日趋复杂，税务信息化要求更高，政府绩效评估的重点包括关注成果、评测纳税人对税务机关提供服务的水平和质量，以及通过公开服务标准和取得的服务业绩水平来说明政府责任的履行情况等，提高以纳税人为中心的纳税服务工作的效率和公开性，促进全社会税法遵从度的提高和纳税人满意度的提高。

3. 善用新技术和科学的评估方法改善纳税服务。

通过西方发达国家绩效评估的实践过程可以看出，广泛采用新技术，包括从书面沟通到电子化沟通（如电子纳税申报）、从支票/现金到电子化资金转移（如电子转账纳税）、从手动回复到自动语音/邮件咨询服务、从单个服务到整合/"一站式"服务等，以及大量使用有明确时间限制的服务评估标准等，可以改善为纳税人提供服务的水平和质量，并促使纳税服务绩效评估向更为专业化的方向发展。

4. 纳税服务绩效评估主体趋于多元化。

西方发达国家政府绩效评估不仅重视政府机关自身作为评估主体所构成的评估主体体系建设和完善，而且也非常重视公众的参与、沟通和反馈，包括公民个人、社会团体、社会舆论机构和中介评估机构等以各种方式对政府绩效的社会评估与监督，特别是纳税服务方面开展的纳税人满意度调查，公众参与度不断提高。这些来自外部的评估和监督有助于税务机关在自身进行评估的同时，发挥多元评估主体的作用，以获得更多的社会监督和管理，提升纳税服务绩效评估水平，保证其为纳税人提供服务水平的提升。

 本章思考题

1. （论述题）思考当前纳税服务工作应该从哪些方面优化？
2. （论述题）根据纳税人的遵从理论，当前我们应该采取哪些措施切实提升纳税人的遵从度？
3. （论述题）当前纳税服务工作应该如何定位？

第二章 税法宣传和纳税咨询

【学习目标】 通过学习税法宣传、纳税咨询方式以及 12366 纳税缴费服务相关知识，了解税法宣传和纳税咨询的方式、渠道及要求，掌握 12366 纳税缴费服务基本服务流程。

第一节 税法宣传

根据《中华人民共和国税收征收管理法》规定，税务机关应当广泛宣传税收法律、行政法规，普及纳税知识，无偿地为纳税人提供纳税咨询服务。税法宣传是税务机关为帮助纳税人充分了解自身涉税权利、正确履行纳税缴费义务，依据法律法规及相关规定，通过多种途径为纳税人和社会公众提供的包括税费政策、办税缴费流程等一系列内容的宣传告知、问题解答和培训辅导等免费服务性的工作。

为落实税收法律与法规的规定，税务机关通过多种方式与渠道为纳税人提供相应的税法宣传服务。

一、日常税法宣传

日常税法宣传是指税务机关在日常工作当中开展的税法宣传工作。

（一）日常宣传的功能

为向纳税人广泛宣传税收法律、法规以及办税缴费流程，帮助纳税人了解政策规定，切实履行纳税缴费义务并充分享受税费优惠，快速办理税费业务，税务机关通过国家税务总局官网、"两微一端"、办税服务厅公告栏、电子显示屏等渠道发布税收政策宣传、办税缴费流程宣传相关内容。

（二）日常宣传的分类

按照宣传的内容，税务机关日常税法宣传分为税收政策宣传和办税缴费流程宣传。

1. 税收政策宣传是指税务机关对税收、非税收入等政策及政策解读进行的宣传。政策包括法律、行政法规、部门规章、规范性文件等；政策解读是指税务机关制发主动公开文件时，按照"谁起草、谁解读"的原则，同步发布的解读性材料，为纳税人重点解读政策出台的背景意义、内容变化、操作办法、执行口径等，便于纳税人理解和税务机关执行管理。

2. 办税缴费流程宣传是指税务机关对税费事项的办理渠道、报送资料、办理程序、办理方法等内容进行的宣传。

在日常工作中，税务机关通过官方门户网站开展税收政策和办税缴费流程宣传。同时通过"国家税务总局12366纳税服务平台"（https：//12366.chinatax.gov.cn）设立"最新法规""热点问题"模块，供纳税人自行查询已发布的各项税收法律和法规规定，了解近期纳税关注热点问题。在新政策出台后，税务机关借助以上渠道推出短视频、动漫、图解等宣传产品，用通俗易懂的方式进行讲解、宣传。针对跨税种、涉及面广或其他较为复杂税费优惠政策，还将通过税务讲堂、在线访谈等形式进行解读。

（三）日常宣传的协作机制

在自身开展税法宣传工作的同时，各级税务机关也充分借助地方党政机关、行业协会、涉税服务机构等外部力量，助力宣传辅导工作取得成效。通过加强与党政部门的联动协作，将税法宣传辅导工作纳入党委政府宣传工作，积极利用宣传信息资源，营造各部门理解、支持、参与税法宣传辅导工作的良好氛围；加强与涉税行业协会的沟通协作，及时了解纳税人涉税需求；加强与其他各类行业协会商会交流合作，针对不同行业、企业的特点和需求，组织开展税法宣传公益大讲堂、培训辅导、税收知识竞赛等系列活动，提高宣传辅导实效性；鼓励并监督涉税专业服务机构参加涉税公益服务团队并进行公益宣传辅导，引导其开展税法宣传进企业、进社区、进课堂等正面宣传辅导，支持涉税专业服务机构及其专家运用微博、微信、微课堂等开展网上公益宣传辅导培训工作，帮助纳税人及时了解掌握相关政策规定。

> **延伸阅读**

税务部门建立"税务—商会"党员联络机制
"一三五"工作法推进"春雨润苗"专项行动

某区税务局与该区工商联联合推行"一三五"工作法,合力首创"税务—商会"党员联络机制,确保税费支持政策和服务措施及时惠及小微企业等市场主体,促进全区小微企业涉税市场主体2021年1—10月同比增长19.36%,新增入库高新技术企业培育库逾1100户,新增入库科技型中小企业库近1700户。一是突出党建引领,把准行动方向。坚持和加强党的全面领导贯穿于"春雨润苗"专项行动,"春雨润苗"是税务部门联合全国工商联开展的一项助力小微经营主体发展的专项行动,聚焦小微经营主体切身需求与发展期盼,通过部门协同从优化办事体验、落实税费优惠、推动健康发展等方面精准发力,让各项税费支持政策和创新服务举措有效惠及广大小微市场主体。工作始终,将党建工作与"春雨润苗"专项行动同部署、同落实、同推进。充分发挥各级税务机关、工商联党组织领导核心作用、党支部战斗堡垒作用和党员干部先锋模范作用,构建"责任明确、领导有力、运转有序、齐抓共建"的党建引领工作格局,既确保落地落细"惠苗、助苗、护苗"各项措施,又促进小微企业明党史、知党恩、跟党走。二是创立三项机制,强化行动力度。创立"史—实"联动机制,将税费政策辅导与党史学习相结合,创立"税映党旗红系列微党课"品牌,联合工商联、商会协会共同开展"春雨润苗"专项政策宣讲会。创立组织联动机制,联合发挥全区税务系统、工商联、商会协会党组织战斗堡垒作用,共同引导党员干部提升政治站位,以维护"六稳""六保"高度的责任感和使命感保障"春雨润苗"专项行动落细落实。创立党员联动机制,推出"税务—商会"党员联络机制,各级税务机关向商会协会派驻党员服务专员逾700名,商会协会指派党员对接专员,跨系统、跨行业党员互动,直接服务逾12万商会协会会员。三是聚力五个覆盖,提升行动实效。"税务—商会"全覆盖,党员联络机制覆盖自治区、市、县三级税务机关和商会协会,形成"三级参与、尽锐出战、一户不落"的局面。重点行业全覆盖,聚焦及时发现和解决行业产业性涉税问题,成立高新技术和制造等6类特色行业产业"行业产业党员服务联络中心",将服务模式由一个商会协会单点联络提升为一类商会协会集群服务。重点渠道全覆盖，紧紧抓住小微企业由于财税自理能力弱而普遍委托代理，从而出现财税业务代理人集中的实质，强化涉税专业服务机构、商会协会定点、定向宣传培训，使小微企业真正获得税费红利。税费优惠全覆盖，建立"精准推送—未享提醒—动态跟踪—成效分析—结果展现"全流程闭环管理的税费优惠享受精细服务新模式，实现优惠政策不缺一项、适用企业不落一户、应享红利不少一分。诉求响应全覆盖，推广"学史力行 春雨润苗"为民办实事线上工作站，形成诉求有渠道、反映有记录、时限有约束、处理有监督、后台有支持的诉求快速响应模式。

二、全国税收宣传月

税务机关在每年4月的全国税收宣传月期间，通过多种渠道及形式对社会公众进行普及性税法宣传活动。

（一）全国税收宣传月的功能

从1992年开始，全国税务系统每年于4月集中开展税法宣传。每年这个时间段被称为全国税收宣传月。每年税收宣传月期间，国家税务总局确定一个税收宣传月主题，各级税务机关根据相应的主题开展形式多样、内容丰富的税法宣传活动。税收宣传月活动已经成为全国税务机关系统地开展税法宣传、做好纳税服务的一项重要工作，也成为全国纳税人自觉接受税法教育、做依法纳税公民的重要课堂，更成为社会各界人士主动了解税收、努力增强纳税意识的重要途径。

（二）全国税收宣传月的沿革

为更有效地开展各项税收宣传活动，促进税收宣传月相关宣传深入人心，国家税务总局每年均提出税收宣传月主题（见表2-1），并根据不同主题，有侧重地开展相应活动。

表2-1　　　　　　　　　历年全国税收宣传月主题

年份	主题
1992	税收与发展
1993	税收与改革
1994	税收与改革
1995	税收与法制
1996	税收征管与市场经济

续表

年份	主题
1997	税收与文明
1998	税收管理与依法治国
1999	依法治税 强国富民
2000	税收与未来
2001	税收与公民
2002	诚信纳税 利国利民
2003	依法诚信纳税 共建小康社会
2004	依法诚信纳税 共建小康社会
2005	依法诚信纳税 共建小康社会
2006	依法诚信纳税 共建小康社会
2007	依法诚信纳税 共建和谐社会
2008	税收·发展·民生
2009	税收·发展·民生
2010	税收·发展·民生
2011	税收·发展·民生
2012	税收·发展·民生
2013	税收·发展·民生
2014	税收·发展·民生
2015	新常态·新税风
2016	聚焦营改增试点 助力供给侧改革
2017	深化税收改革 助力企业发展
2018	优化税收营商环境 助力经济高质量发展
2019	落实减税降费 促进经济高质量发展
2020	减税费优服务 助复产促发展
2021	税收惠民办实事 深化改革开新局
2022	税收优惠促发展 惠企利民向未来
2023	税惠千万家 共建现代化
2024	税助发展 向新而进

三、纳税人学堂

纳税人学堂是由税务机关主办的，有组织有计划地为纳税人提供税收法律法规及相关政策规定培训辅导的实体场所和网络平台。

（一）纳税人学堂的功能

开设纳税人学堂，旨在建立规范持久的税法宣传和纳税辅导机制，增强税法宣传和纳税辅导的长效性、针对性和实用性，有效解决服务纳税人"最后一公里"问题，促进提高纳税人的满意度和税法遵从度。

相对于日常税法宣传内容的广泛性及"税收宣传月"宣传时间的固定性，纳税人学堂的宣传内容更加具体且具有更强的针对性，在时间安排上更为灵活，更利于纳税人系统且有效地学习税收法律法规及具体政策规定。

(二) 纳税人学堂的办学原则

1. 免费举办。纳税人学堂不得以任何名义向纳税人收取培训费用，不得利用纳税人学堂的名义向纳税人推销任何产品和服务。

2. 自愿参加。纳税人学堂应丰富培训形式，充实培训内容，引导和鼓励纳税人自愿选择学习，不得以任何形式强制纳税人参加培训辅导。

3. 课程实用。纳税人学堂应经常收集和分析纳税人的学习需求，有针对性地开展培训工作。

4. 教学相长。纳税人学堂在满足纳税人对税收业务知识需求的同时，应注重收集整理和及时反馈纳税人反映的意见建议，促进税务人员不断加强学习，提高自身业务水平和服务水平。

(三) 纳税人学堂的办学方式

纳税人学堂采用实体教学和网络教学相结合的方式办学。

1. 实体纳税人学堂。实体纳税人学堂主要由县级税务机关具体实施，通过教学讲座、座谈讨论等面对面的形式集中组织纳税人开展税费政策的学习培训和互动交流。

实体纳税人学堂一般根据纳税人的需求进行分类，开展具有针对性的专题培训。如针对新办纳税人开展税收基本知识、相关税费政策、办税缴费流程、软件操作、税控设备操作等方面的新办纳税人学堂，对中小型企业开展小微企业税收优惠纳税人课堂等。实体纳税人学堂每个季度应至少开展一次教学活动。

2. 网络纳税人学堂。网络纳税人学堂是指税务机关通过网络教学平台开展在线学习交流。网络教学平台主要模块应包括在线学习、课件下载、互动问答、课程计划、预约报名、教学评估等，网络纳税人学堂原则上每个季度应及时更新教学内容。网络纳税人学堂主要由省税务机关负责建设与管理。

税务机关在重视纳税人学堂组织管理同时，同样重视通过纳税人学堂实施的各项教学内容的实际效果，并通过以下方式开展质量管理：

(1) 采取问卷调查、在线留言、课堂反馈等形式，收集纳税人意见，并根据纳税人的实际需求和关注热点，编制调整教学培训计划。

（2）加强网络和实体纳税人学堂之间的互动交流，实体纳税人学堂的培训通知一般在网络纳税人学堂提前公布，将实体教学培训课件通过网络纳税人学堂提供给纳税人下载学习，网络纳税人学堂的课件用于实体教学培训，实现资源共享及互补。

四、办税缴费事项"二维码"一次性告知

办税缴费事项"二维码"一次性告知是指税务机关制作并在办税服务厅、门户网站等办税缴费服务平台放置二维码图标，纳税人扫描相应业务的二维码即可通过手机等移动终端获知办理该项业务的资料准备、基本流程等信息的一种税法宣传工作机制。

（一）"二维码"措施的业务内容

"二维码"一次性告知事项内容主要包含"全国统一事项"和"地方适用事项"。此处的"事项"是指根据《纳税人办税指南》的规定，依纳税人申请办理的税费事项。

1. "全国统一事项"二维码是指国家税务总局根据《纳税人办税指南》对全国通行的服务事项进行梳理，统一制发的二维码。

截至 2024 年 2 月，国家税务总局门户网站在"纳税服务"栏目的"办税指南"版块中，对信息报告、发票办理、申报纳税、优惠办理证明办理、社会保险费及非税收入业务办理、出口退（免）税、国际税收、信用评价、税务注销、涉税咨询、涉税信息查询、纳税服务投诉、涉税专业服务等 14 类，共计 192 个全国通用的服务事项标注了相应的二维码，并实施相应的二维码推送（如图 2-1 所示）。

2. "地方适用事项"二维码是指省级税务机关对地方业务进行梳理，自行生成供本地纳税人使用的二维码。"地方适用事项"不得与现行涉税法律法规、"全国统一事项"及相关规定相悖，并且原则上不与"全国统一事项"重复。

（二）"二维码"的制作

1. 国家税务总局和省级税务机关纳税服务主管部门负责税费业务的梳理，并经审核后发布。

2. 国家税务总局和省级税务机关网站管理部门负责在门户网站上确定梳理后的业务内容存放位置，获取相应服务事项的网址信息。

3. 国家税务总局和省级税务机关纳税服务主管部门根据梳理的业务内容和存放网址，利用相关软件编码生成二维码图标。

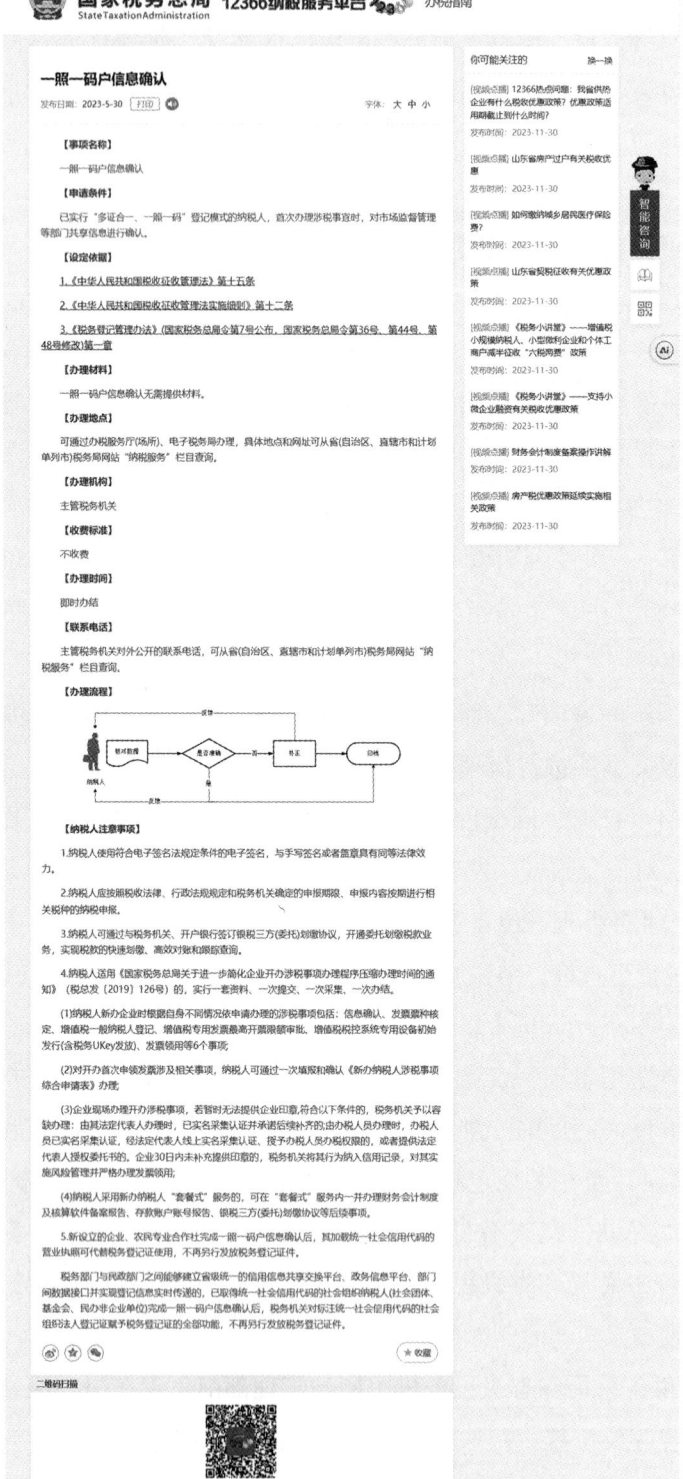

图2-1 "国家税务总局12366纳税服务平台"
《办税指南》"一照一码户信息确认"的内容及相应二维码

(三)"二维码"措施的宣传和应用

目前各级税务机关利用办税服务厅、门户网站、微博、微信等多种渠道强化对办税缴费事项"二维码"一次性告知工作的宣传。当纳税人前往办税服务厅时,办税服务厅工作人员会主动引导纳税人扫描相应业务的二维码,帮助纳税人理解和使用二维码当中包含的税费业务办理的相关要求。

1. 各地税务机关在办税服务厅的导税台、咨询台和办税窗口明显位置摆放印有二维码图标的指南,同时在资料架上摆放宣传手册供纳税人查阅。

2. 国家税务总局和省税务机关在门户网站等网上办税缴费平台首页显示"二维码"一次性告知窗口（悬浮窗）,纳税人点开链接后,可以扫描二维码查看相应业务。已开通手机App、微信和微博的单位,也通过这些渠道主动推送"二维码",纳税人可以轻松实施自主查询。

五、税费优惠政策精准推送

税费优惠政策精准推送是依托税收大数据,根据纳税人缴费人基础信息、生产经营信息和办税缴费过程信息等为其精准画像,分渠道、分环节、分人员开展全流程、递进式、差异化推送税费优惠政策的一项创新服务举措,旨在进一步提高推送精准度,帮助纳税人缴费人充分享受政策红利、持续提升获得感。精准推送为税费优惠政策落地实施发挥了重要作用,逐步实现了从"人找政策"向"政策找人"转变。相比传统的宣传辅导手段,精准推送主要有以下两个优势。

(一)推送信息更精准,纳税人缴费人体验感更好

税务机关依据纳税人缴费人的定制需求和身份属性、需求偏好、办税轨迹等行为特征的分析,精准匹配纳税人缴费人最关注的政策内容和办理提醒,通过电子税务局、短信、微信公众号、本地税企互动平台等各种渠道,向企业法定代表人、财务负责人、办税人员等不同人员身份推送各有侧重、密切相关的内容消息,并且对推送内容进行整理,避免重复打扰纳税人缴费人。

(二)缩短传播链条,行政效率更高

政策一经发布,利用税收大数据形成纳税人缴费人画像,直接找准政策适用对象,转变了传统"大水漫灌"式宣传辅导方式,缩短了优惠政策从"最初一公里"到"最后一公里"的传播链条,避免传统行政方式层层下达任务所造成的损耗。

> **延伸阅读**

某省税务局实施递进式宣传模式
助力减税退税政策直达快享

某省税务局创新落实国家税务总局精准推送工作要求,推出递进式宣传辅导模式,以精准的宣传辅导助力退税减税政策精准施策,让纳税人享受减税降费的政策红利。一是递进式宣传提醒。省局层面依托全国统一的宣传辅导标签体系,在国家税务总局精准推送工作基础上,对纳税人清单进行核对,通过电子税务局、"X税通"征纳互动平台等渠道进行接续推送;市局依据台账、纳税人阅读情况,对未阅读的,通过短信、电话等方式进行再次提醒;县局依据台账进行查漏补缺,对再提醒未阅读的纳税人进行一对一的上门宣传辅导,确保税费政策百分百推送到位。二是台账式监控调度。针对阶段性宣传辅导重点任务,省局依托纳税服务平台建立宣传辅导电子台账,分批次导入需宣传辅导的企业名单,省局每周统计、调度、分析、监控,逐一登记宣传辅导情况,逐户推进落实,强化工作留痕,推进宣传辅导全覆盖。对推送对象存在误差的,通过精准推送补偿和纠正机制,对相关数据进行及时修复。三是接续性推动落实。内部,省、市、县税务局开展宣传辅导情况回访,对宣传辅导情况进行调研和分析,持续推升政策落实效应。外部,建立与镇乡(街道)网格相匹配的基础税源管理网格,充分发挥网格员密切联系群众、社会触角广的优势,协助税务机关开展入户调查、政策辅导、需求采集,有效弥补税务部门在征管服务力量不足上的短板。

六、可视答疑

可视答疑是税务部门应用5G通讯、云计算等新技术创新推出的服务模式,通过线上实时可视互动为纳税人解答问题,是一种即时高效的培训辅导方式。

(一)可视答疑服务场景

税务部门通过分析提炼纳税人诉求,以网络直播的方式开展相应主题的可视答疑,纳税人在评论区提问,税务主讲进行操作演示和政策解答,以最直观的方式为纳税人解决问题。答疑助手也同步在评论区回复纳税人提问,评论区热点问题会推送给主讲再进行重点讲解。

（2）可视答疑开展流程

1. 确定主题。税务部门根据本地纳税人热点诉求，确定可视答疑主题，在可视答疑平台中建立课程。

2. 资料准备。依据答疑主题准备所需的政策知识和宣传视频等资料，撰写答疑脚本，提交业务管理部门审核。

3. 答疑邀约。通过精准推送、税企交流群等渠道向本场答疑的目标群体定向推送邀约信息。

4. 现场预演。答疑前进行全流程预演，确保答疑流程衔接顺畅，软硬件功能和网络环境稳定良好。

5. 互动答疑。主讲、答疑助手和导播密切配合，开展答疑。主讲负责与观众交流互动，对观众提问进行演示和讲解；答疑助手负责在评论区进行文字解答，同时负责公屏内容审核和提示引导；导播负责软硬件环境的现场运维保障、直播推流、场景切换等工作。

6. 答疑复盘。答疑结束后，答疑团队对答疑全流程进行复盘，对可视答疑整体观感、流程衔接、团队配合、个人表现等方面进行总结复盘，提出优化建议。

7. 成果运用。每场可视答疑后，利用答疑内容和回放视频，形成热难点集锦、问答清单、知识问答库等图文视频成果，作为后续培训辅导的多媒体产品。

（三）可视答疑的优势

1. 直观易懂。与传统的电话咨询、在线咨询相比，可视答疑能够让纳税人直观清晰地看到税务人员的演示和讲解，从而准确高效地辅导纳税人进行业务办理，有效解决了税务人员难以描述清楚、纳税人难以理解掌握的问题。

2. 实时互动。可视答疑过程中，纳税人可以跟随演示同步进行操作，通过与税务人员实时互动，反馈操作结果，即时解决疑难问题。同时，访谈式的轻松氛围，也增强了纳税人的亲切感，营造了税费服务新体验。

3. 高效集约。可视答疑突破了空间限制，税务部门既可以跨区域联合开展答疑，也可以由各地独立开展特定主题可视答疑，实现了"一人答疑，多人受益"，有效降低了"一对一电"话答疑的服务成本，实现了服务资源的高效利用。

4. 众创共享。各地开展答疑后都可以利用回放视频制作宣传辅导产品，经过去重优化，供纳税人随时查看学习，也可以作为各地精准推送、智能应答、宣传辅导的产品材料，实现答疑内容的共享共用。

第二节 纳税咨询

纳税咨询是纳税服务的基本工作内容之一,是满足纳税人个性化税收知情权的基本方式之一。纳税咨询服务有广义和狭义之分。广义上来说,纳税咨询是指纳税人和其他涉税当事人就缴纳税费方面的问题向解答方询问,解答方凭借其对税收政策、法规的了解程度提出解决方案的过程和活动。这里的解答方包括税务机关和税务师事务所、会计师事务所等涉税专业服务机构。狭义的纳税咨询是指税务机关提供的纳税咨询服务,主要指税务机关设立专门机构或者利用现有的人力、物力资源,为纳税人提供针对税收方面的答疑解惑,涉及内容主要有税收法律法规、税收政策、办税缴费程序、系统操作及有关涉税事项等。

目前纳税咨询的形式主要包括电话咨询、互联网咨询和面对面咨询三种方式。

一、电话咨询

电话咨询是指税务机关通过对外公开的咨询服务电话(包括12366纳税缴费服务热线、各级税务机关对外公开的其他咨询服务电话)免费解答公众和纳税人提出的税费问题,是满足纳税人咨询需求的传统方式之一。

国家税务总局统一建设12366纳税缴费服务热线渠道,受理纳税人和其他涉税当事人通过12366纳税缴费服务热线、手机App、Web版、12345政务服务便民热线等渠道的来电,提供纳税(缴费)咨询服务。提供咨询服务时应使用规范用语,12366纳税缴费服务热线接通人工咨询服务前须播报免责条款和咨询服务人员工号。不能即时答复的涉税问题,通过工单流转方式在6个工作日内回复完毕;不能按期回复的,应在问题产生之日起10个工作日内向咨询人说明,并告知其问题办理进度。咨询电话出现故障在一定时间内不能恢复正常的,应及时向社会公告,并及时启动应急预案。

省级税务机关开通12366纳税缴费服务热线,提供税费咨询服务。12366纳税缴费服务热线实行智能服务与人工服务相结合的方式。12366纳税缴费服务热线提供7×24小时咨询服务。县级税务机关对外公开咨询电话,在工作时间内提供税费咨询服务。

税务机关也可以设置其他形式的专项热线服务。

> **延伸阅读**
>
> **某省税务局咨询智能便捷服务提质增效**
>
> 为缓解12366纳税缴费服务热线人工座席咨询服务压力，某省税务局于2021年1月1日正式上线12366智能语音咨询系统，并在应用过程中通过优化语音导航、加强智能库运维、上线智能助手等措施，让智能语音更自然、咨询更准确、工作更便捷。
>
> 一是设置智能分流模式。工作日期间，纳税人拨打12366热线时，如在工作时间可通过按键自主选择智能或人工服务模式，并将排队机中第5位之后的等待者先行接入智能咨询模式，且纳税人被强制转入智能语音导航一次后，选择再次进入人工，不会被二次强制转入智能咨询。在非工作时间将12366智能语音咨询前置，纳税人拨打热线时直接进入智能咨询模式，实现全天候智能咨询服务。
>
> 二是优化智能语音播报。根据纳税人语音咨询习惯，完善地域口音差异、口语化表述、专业化知识、多样化场景应用，优化智能语音播报的语速、音色、识别速度，完成对语料数据的行业标注，让自动语音更自然、更仿真，增强互动的真实性，让纳税人逐步接受和习惯智能咨询方式。
>
> 三是加强咨询模拟测试。为提高智能咨询答复准确性，12366人员不断模拟纳税人身份提问智能语音导航，反复测试调优智能咨询算法和模型，通过测试整理工作底稿，及时优化调整智能语音导航答复方式、音频音率及播报时间长度，不断提高纳税人体验感。
>
> 四是开通智能质检功能。智能质监可通过语音分析平台实现对所有语音记录的快速排查分析，排查内容包括座席语音音调、服务忌语、等待时长、等待次数等，从而帮助话务质检人员快速排查出问题录音，再有针对性地进行重点质检，既实现了对录音的全面排查，也切实提高了质检人员工作效率。
>
> 五是开通智能检索功能。通过12366智能语音系统语音转文本优势，可通过自定义关键字（词）形式对全部咨询记录进行检索查询，进而实现对热点问题的统计分析。例如，设置关键词"减税降费"，可对某一时间段内咨询"减

税降费"问题的来电记录进行统计，展现当期咨询热点数量，提升热点问题分析的效率，辅助12366开展数据分析工作。

二、互联网咨询

互联网咨询是指税务机关通过互联网络为纳税人和其他涉税当事人提供税费咨询服务。

国家税务总局全国统一上线应用的12366纳税服务平台，分为PC端、App端、网页（H5）端等多种形式，提供了在线实时人工咨询服务、智能咨询服务以及网站留言咨询服务等。其中，智能咨询服务构建了智能为主、人工为辅的递进式咨询模式，逐步实现智能机器人从"听不懂"到"答得对"的转变。对纳税人通过网上留言提出的税费问题，国家税务总局规定，在留言的2个工作日内回复；不能即时答复的涉税问题，通过工单流转方式3个工作日内回复；不能按期回复的，应在问题产生之日起10个工作日内向咨询人说明，并告知其问题办理进度。

三、面对面咨询

根据《中华人民共和国税收征收管理法》规定，税务机关应当在广泛开展税法宣传的同时，无偿地为纳税人提供纳税咨询服务。因此，办税缴费服务、税源管理、税务稽查人员在征收、管理、稽查以及税收法律救济过程中，如纳税人提出面对面税费咨询需求时，税务机关应为其提供免费的咨询服务。面对面咨询服务过程当中应当遵守首问责任制、一次性告知制等相关制度的规定，确保有效解答纳税人关于税费政策及办税缴费流程的疑问，帮助纳税人高效办理税费业务。

第三节 12366纳税缴费服务

近年来，伴随"放管服""一带一路""机构改革""个税改革""减税降费""社保费征收职责划转"等改革相继开展，税费咨询需求持续增长。2022年以12366纳税缴费服务热线为主体的纳税服务平台整体业务总量达1.09亿次，较上年增长33.60%，已成为税费宣传咨询辅导的重要窗口和接收涉税违法行为举报和纳税服务投诉的重要平台，在构建和谐税收征纳关系中发挥着重要作用。

一、12366 纳税缴费服务热线主要服务内容

12366 纳税缴费服务热线主要为纳税人提供税费政策和办税缴费相关咨询、税收相关信息查询、接受涉税违法行为举报、税收行政违法行为举报、纳税服务投诉、第三方服务乱收费投诉举报，以及对税务机关和税收政策的意见建议、向纳税人开展税费政策宣传辅导等。

（一）纳税缴费咨询

纳税缴费咨询是指受理纳税人和其他涉税当事人提出税费咨询需求，为纳税人提供税费咨询服务。从渠道上看，包括人工咨询、语音留言咨询、网络咨询、其他咨询、受理转办工单及电话回呼。其中受理转办工单咨询包括 12366 国家级中心转办咨询、12345 工单转办咨询。

1. 人工咨询。12366 纳税缴费服务热线通过热线、手机 App、Web 版、12345 政务服务便民热线等渠道受理纳税人和其他涉税当事人来电，为纳税人提供税费咨询服务。

2. 语音留言咨询。12366 纳税缴费服务热线通过语音留言信箱受理纳税人的需求，为纳税人提供税费咨询服务。

3. 网络咨询。网络咨询分为网络留言咨询和网络实时咨询。留言咨询是指非实时答复纳税人在税务机关门户网站、12366 纳税服务平台等网络平台的留言，网络实时咨询是指通过 12366 纳税服务平台等网络渠道为纳税人提供实时在线的税费咨询服务。

4. 其他咨询。其他咨询服务包括现场咨询和传真咨询。现场咨询是指咨询员通过面对面交流的方式在 12366 纳税缴费服务热线工作区域或办税服务厅等场所为纳税人提供的税费咨询服务。传真咨询是指 12366 纳税缴费服务热线通过受理纳税人采用传真方式提出的问题，为纳税人提供税费咨询服务。

5. 12366 国家级中心转办咨询。12366 纳税缴费服务热线国家级中心向各省级 12366 纳税缴费服务热线主管部门转办税费咨询服务。

6. 12345 工单转办咨询。12345 政务服务便民热线通过工单向 12366 纳税缴费服务热线转办纳税人提出的税费咨询服务。

7. 电话回呼。12366 纳税缴费服务热线通过人工语音采取主动呼出的方式向纳税人提供纳税服务。电话回呼包括留言回呼、纠错回呼、承诺回呼、遇忙（呼损）回呼等。

（1）留言回呼是指12366纳税缴费服务热线收到纳税人通过语音信箱、网络留言等方式提出税费咨询、税费信息查询，或提交纳税服务投诉、涉税违法举报、意见建议等，咨询员通过主动回拨方式联系纳税人予以答复或对留言信息进行核实补充的服务。

（2）纠错回呼是指12366纳税缴费服务热线对各种渠道反馈的错误答复、答复偏差等问题，通过主动回拨方式向纳税人进行更正的服务。

（3）承诺回呼是指咨询员受理业务时不能即时答复纳税人，咨询员在承诺期限内通过主动回拨方式向纳税人进行答复的服务。

（4）遇忙（呼损）回呼是指纳税人拨打12366纳税缴费服务热线，遇电话繁忙，经数次拨打仍无法接通，12366纳税缴费服务热线根据来电记录通过主动回拨方式向纳税人提供涉税服务。

（二）税费信息查询服务

纳税人通过电话、网络、办税服务厅、传真等方式提出查询需求，12366纳税缴费服务热线在按规定可查询范围内为纳税人提供税费信息查询服务。税费信息查询包括人工查询和自助查询。自助查询服务是指12366纳税缴费服务热线预先在IVR系统录制语音、文本信息，纳税人利用电话键盘输入进行选择，或利用语音识别技术在智能咨询平台自行根据语音提示获得税费信息的查询服务，以及通过12366纳税服务平台相关栏目获得税费信息的查询服务。

（三）涉税违法行为举报受理

税收违法行为举报分为一般税收违法行为举报和轻微税收违法行为举报。一般税收违法行为举报是对纳税人涉嫌偷税，逃避追缴欠税，骗税，虚开、伪造、非法提供、非法取得发票，以及其他税收违法行为进行的举报，业务上属于稽查部门职责范围。轻微税收违法行为举报是指对应开具而未开具发票、未申报办理税务登记和其他轻微税收违法行为进行的举报，业务上属于被举报的纳税人主管税务机关负责征管业务的部门的职责范围。

涉税违法举报包括12366渠道接收举报和12345政务服务便民热线渠道转办举报。12366渠道接收举报是指12366通过电话、网络、现场等渠道接收举报人（含单位、个人）对纳税人涉嫌偷税（逃避缴纳税款），逃避追缴欠税，骗税，虚开、伪造、非法提供、非法取得发票，以及其他税收违法行为进行的一般税收违法行为举报，并转给相关部门办理。12345 政务服务便民热线渠道转办举报是指 12366 纳税缴费服务热线接收 12345 政务服务便民热线以电话呼转或三方通话等形式转办的一般税收违法行为举报，并转给相关部门办理。

（四）纳税服务投诉受理

通过电话、网络、现场、12345 政务服务便民热线电话呼转或三方通话等渠道接收纳税人认为税务机关及其工作人员在履行纳税服务职责过程中未提供规范、文明的纳税服务或者有其他侵犯其合法权益的情形而向税务机关进行的纳税服务投诉。

从接收渠道来说，纳税服务投诉包括 12366 纳税缴费服务热线和 12366 纳税服务平台渠道（以下简称 12366 渠道）接收投诉和 12366 渠道转办投诉。12366 渠道接收投诉是指 12366 纳税缴费服务热线和 12366 纳税服务平台通过电话、网络、现场等渠道接收纳税人认为税务机关及其工作人员在履行纳税服务职责过程中未提供规范、文明的纳税服务或者有其他侵犯其合法权益的情形而向税务机关进行的纳税服务投诉，并转给相关部门办理。12366 渠道转办投诉是指 12366 纳税缴费服务热线接收 12345 政务服务便民热线以电话呼转或三方通话等形式转办的纳税服务投诉，并转给相关部门办理。

（五）税收行政违法行为举报

通过电话、网络、现场、12345 政务服务便民热线电话呼转或三方通话等渠道接收举报人对税务机关、税务人员在税收执法中不依法行政或执法有偏差的行为进行的举报。

（六）意见建议受理服务

通过电话、网络、现场、传真等渠道收集纳税人对税务机关、税收政策、社会保险费和税务机关负责的非税收入征管工作的意见与建议。

二、12366 纳税缴费服务热线内部管理

12366 纳税缴费服务热线是由各职能部门及流程组成的综合体，在内部管理中包括疑难问题管理、热线问题收集与分析、排班管理与现场管理、培训管理与质量监控、12366 税收知识库维护、12366 智能咨询库运维及 IVR 维护、12366 数据分析与绩效评估、12366 服务调查。

（一）岗位配备

目前全国12366纳税缴费服务热线岗位一般由管理岗、咨询专家岗、咨询员岗构成。部分省市12366纳税缴费服务热线人员包括远程座席人员。

1. 管理岗。

12366纳税缴费服务热线管理人员是指由本级纳税服务主管部门任命，负责12366纳税缴费服务热线日常管理、业务支持的人员。管理岗的职责包括新进咨询员选拔、组织业务培训、绩效考核、质量监控和现场管理等。

2. 咨询专家岗。

咨询专家岗位工作职责主要包括以下5个方面：

（1）负责对本级12366纳税缴费服务热线咨询员无法准确答复的涉税疑难问题进行解答；

（2）负责对本级12366纳税缴费服务热线咨询员进行培训辅导，对政策施行后出现的疑难问题进行补充政策解读；

（3）负责对12366纳税缴费服务热线税收业务知识库中问题解答、办税流程、表证单书、业务专题和税收法规等内容进行准确性、完整性、有效性和及时性审核；

（4）负责对12366纳税缴费服务热线定期收集整理的税收热点问题及答复内容进行准确性、有效性和及时性审核；

（5）负责完成12366纳税缴费服务热线提请的其他业务支持事项。

3. 咨询员岗。

咨询员是指经过岗前培训选拔合格，符合12366纳税缴费服务热线基本上线要求的座席（及线上）人员。所负担的职责包括处理来电税费问题咨询、税费信息查询、纳税服务投诉等事项。

（二）热线运转基本流程

12366纳税缴费服务热线运转的基本流程包括了受理、处理、办结三个环节。

1. 受理。

（1）接听来电。咨询员受理纳税人来电时，应在系统提示来电5秒内或响铃3声内接听电话。电话接通后，由系统自动播报咨询员工号或由咨询员告知纳税人工号，并使用问候语。

（2）受理判断。咨询员应耐心听取纳税人的提问，判断其是否属于12366

纳税缴费服务热线受理范围。12366纳税缴费服务热线主要负责解答纳税人关于国家税收法律、行政法规、纳税程序以及社会保险费和税务机关管辖的非税收入征管有关问题，引导投诉举报，不提供税收策划、各类社会性涉税考试辅导，也不进行涉税学术研究、探讨。不属于受理范围的，咨询员应主动告知纳税人不予受理的理由。其中，对于12345政务服务便民热线呼转的来电，如不属于12366纳税缴费服务热线受理范围的，应主动告知纳税人不予受理的理由，在问询纳税人意向后，将电话转回12345政务服务便民热线或结束通话。

2. 处理。

（1）知识查询。咨询员应通过12366税收知识库或12366智能咨询库查找答复依据。咨询员可使用联想问答和智能登记功能（根据输入内容联动12366税收知识库和12366智能咨询库查找答复依据）。在12366税收知识库和12366智能咨询库查询不到的，可以查阅其他来源可靠的材料。查询后能够即时答复的咨询事项，转入答复纳税人环节，同时应将知识缺失内容向12366税收知识库和12366智能咨询库进行推送。

查询时需要纳税人等待的，应使用规范的等待用语并播放等待音乐。等待时间超过2分钟的，应征询纳税人意见，根据纳税人意愿采取继续等待查询或事后答复的方式处理。等待结束后，应使用规范的结束等待用语，再继续提供咨询服务。采取事后答复方式处理的，属于承诺回呼，应按电话回呼流程办理。

（2）求助处理。对知识查询后仍无法答复的咨询事项，经征询纳税人意见，咨询员可通过现场求助、转接答复、三方通话等求助方式即时处理。

①现场求助。咨询员通过现场与业务支持人员进行沟通，明确答复具体要点内容后告知纳税人。

②转接答复。咨询员将来电转至专家座席、远程座席或纳税人指定的咨询员。转接后由被转接人进行答复和处理，咨询员结束通话。

③三方通话。咨询员将来电转至专家座席、远程座席或纳税人指定的咨询员，实现咨询员和被转接人、纳税人同时在线处理。

（3）提交工单。对于求助处理不能答复的问题，咨询员应在问题产生的1个工作日内形成工单并提交给工单处理人员。本级12366纳税缴费服务热线主管部门能够处理的工单应在工单形成之日起4个工作日内处理，紧急的工单应根据实际需要在限定时限内办结。

(4) 转出办理。本级 12366 纳税缴费服务热线主管部门不能处理的工单，属于要本级业务部门答复的疑难问题，应在工单形成之日起 1 个工作日内转交本级业务部门办理，本级业务部门应在 4 个工作日内予以答复，本级业务部门不能答复的，由省级 12366 主管部门收到反馈意见后制作疑难问题提交单提交至 12366 国家级中心（北京、上海）；可以答复的由 12366 国家级中心反馈至省级 12366 主管部门，不能答复的书面上报税务总局进一步研究处理。

(5) 答复纳税人。咨询员应准确规范地答复纳税人。通过提交工单、转出办理方式处理的问题，咨询员应在收到回复后 1 个工作日内答复纳税人。

通过提交工单、转出办理方式不能在规定期限内答复纳税人的问题，咨询员应在问题产生之日起 10 个工作日内回呼纳税人，告知其问题办理进度。

对于 12345 政务服务便民热线通过三方通话发起的咨询，咨询员完成答复后结束三方通话。

对于直接通过 12366 纳税缴费服务热线接入或通过 12345 政务服务便民热线呼转进入 12366 纳税缴费服务热线的，完成税费咨询答复后，纳税人继续咨询超出 12366 纳税缴费服务热线咨询服务受理范围的事项且经沟通纳税人同意，或纳税人主动要求转接 12345 政务服务便民热线的，咨询员呼转至 12345 政务服务便民热线后结束通话。

结束来电应使用结束语。若需话后"好差评"评价，应启动话后"好差评"调查。

3. 办结。

结束通话后，一般由首位咨询员办结。采取"转接答复"方式的来电由被转接人办结。办结人应即时通过手工录入或语音识别登记进行电话小结，不能即时记录的，应于 1 个工作日内补录完成。记录小结应确保内容完整、语言简洁、表述准确。小结的内容应包括反映内容、答复内容、解决方式、问题类型等。其中，小结问题类型应向下钻取两级，小结反映内容应当包含但不限于类别（如税种政策、涉税流程、信息系统等）、行为（如申报、开具、年度汇算等）。对不能够即时答复的问题，应准确记录纳税人称谓、联系电话和问题归属地等信息。

(三) 现场管理

现场管理是指为维护 12366 纳税缴费服务热线工作运行顺畅，根据现场发现或发生的实际情况，由现场管理人员对咨询员进行帮助和指导、对各项工作进行跟踪和校验、对存在问题给予纠正和解决的动态管理过程。现场管理主要包括现场巡视、实时监听、指标监控、业务支持、信息发布与报送、应急管理等6个部分。

1. 现场巡视。

现场管理人员应定期进行现场巡视，包括开班巡视、班中巡视、交接班巡视等，巡视时应注重对服务态度、规范用语、服务质量、工作情绪、出勤情况、现场秩序、突发事项、工作纪律、环境卫生等方面的管理。

2. 实时监控。

实时监控是指现场管理人员实时监听监控咨询员与纳税人的交流，并给予现场及时指导，监听监控双方能够及时交流沟通。

实时监控时应及时发现问题，对咨询员进行实时提醒，在咨询员出现重大失误时，可切断咨询员与纳税人的通话或文字交谈，由现场管理人员直接与纳税人交流，以控制问题影响范围和程度。

3. 指标监控。

（1）业务量与接通率指标。现场管理人员应密切关注12366纳税缴费服务热线和网络实时咨询业务量的波动情况和接通率水平，按照半小时接通率指标设定预警标准，接通率在70%—80%时为一级预警，接通率在60%—70%时为二级预警，接通率低于60%为三级预警。接通率一级预警时应召回示忙、休息、其他业务处理状态的咨询员等；接通率二级预警时，应取消会议、培训，并及时作出临时调整排班等；接通率三级预警时应调整系统设置（IVR、路由）、呼叫溢出等；业务量较低、接通率较高时应合理安排咨询员会议、培训、离线休息等。

（2）咨询员状态指标。现场管理人员应对咨询员在登录12366纳税缴费服务热线或网络实时咨询系统后示忙、休息状态的人数、时长、原因等做出具体规定，结合当天的考勤和排班，对咨询员状态进行实时监控，关注交接班、培训时咨询员的离线、上线时间，对示忙、休息、通话、话后处理时长超长的咨询员及时进行干预。

4. 业务支持（疑难问题解答）。

现场管理人员应对咨询员提供业务支持，在咨询员求助或发现咨询员遇到问题时给予及时、正确的指导。一般问题应通过现场求助方式协助咨询员即时解答，疑难问题应及时生成工单，纳税人要求即时回复的疑难问题，如要求合理的，应及时报告并联系相关部门解答。

5. 信息发布与报送。

现场管理应建立信息发布、报送机制，进行上情下达和下情上传，确定信息发布和报送的内容、频次和方式，保证信息发布、报送渠道的畅通。现场管理人员向咨询员传达通知公告、近期需重点关注的事项、新点热点难点问题的回复口径、会议培训安排、工作纪律和规范等；同时收集和归纳咨询员提交的新点热点难点问题、意见建议等，并提交上级部门解决和实施。

6. 应急管理。

现场管理应建立应急管理机制，在业务量激增、系统异常等情况发生时，现场管理人员应先行对其紧急程度、影响范围和是否为共性问题作出判断，并在第一时间上报12366纳税缴费服务热线主管部门处理，及时协调应急人员，安抚咨询员情绪，控制现场秩序等。

7. 热线问题收集与分析。

热点问题包括12366纳税缴费服务热线热点问题分析和12345政务服务便民热线税费咨询热点问题。

12366纳税缴费服务热线热点问题分析是指省级12366纳税缴费服务热线主管部门应定期按规定整理并上报热点问题，12366纳税缴费服务热线国家级中心初审后报国家税务总局审核，审核后的热点问题运用于税法宣传和内部培训学习。

12345政务服务便民热线税费咨询热点问题是指12366纳税缴费服务热线通过"12345热点问题分析"模块查看12345政务服务便民热线推送的《12345税费咨询热点问题情况表》，并可按一定时间周期进行汇总统计（最小单位日）。

（四）培训管理与质量监控

1. 培训管理。

培训管理包括岗前培训和在职培训。岗前培训是指对12366纳税缴费服务热线新进咨询员在入职上岗前开展的培训。该培训旨在帮助新进咨询员熟悉组织文化、明确岗位职责、掌握基本业务知识和服务技能，达到初步的上岗要求。在职培训是指对12366纳税缴费服务热线咨询员在职期间开展的针对服务技能、业务知识等方面的培训。该培训旨在帮助12366纳税缴费服务热线咨询员持续提升服务能力，进一步认同组织文化和目标，增强团队意识和凝聚力，以不断满足纳税人的需求、提升纳税人的满意度。

2. 质量监控。

质量监控是指按照科学、合理、统一的标准，采用人工或智能的方式对12366纳税缴费服务热线咨询员为纳税人提供税费服务的质量进行评判。质量监控包括人工质量监控和智能质量监控。

（1）人工质量监控包括抽样监控、实时监控和模拟监控等方式，一般应以抽样监控为主，实时监控、模拟监控为辅。

抽样监控是指按照一定的原则抽取部分样本，对样本中咨询员已经办理完结的服务事项的综合表现进行事后评价和处理的监控形式。

实时监控是指对咨询员正在办理的服务事项的综合表现进行即时评定和处理的监控形式。实时监控是现场管理的主要形式之一。

模拟监控是指通过拨打12366纳税缴费服务热线或发起网络在线咨询，对咨询员办理服务事项的综合表现进行即时评定和处理的监控形式。

（2）智能质量监控是指通过设置监控条件，由系统对全部业务记录自动进行违规样本筛选。智能质量监控包括静音检测、情绪检测、违规用语检测、错误解答检测等。

静音检测是指通过通话录音中的静默时长，检测出录音文件中咨询双方都没有说话的静音时间。

情绪检测是指通过语音高低、语速快慢等检测咨询员情绪异常的时间位置。

违规用语检测是指根据敏感词库、忌语库等检测样本中的违规用语。

错误解答检测是指根据设置的正确问答检测样本中解答不准确的样本。

（五）12366税收知识库、12366智能咨询库及IVR维护

12366税收知识库（以下简称知识库）运维是指为了保持知识库生命力，根据国家税务总局对知识库维护的有关要求，由国家税务总局和各地税务机关对知识库进行分级维护、动态更新的过程，具体包括对知识库内容的采集、审核、发布、维护、建议处理和知识共享。

12366智能咨询库（以下简称智库）运维主要是为了充分发挥智库对热线、网线、无线等服务渠道的有力支撑作用，以知识库为基础，根据《国家税务总局12366智能咨询平台运维管理办法》有关要求，通过人工录入和系统自主学习建立的税费知识问答库和专题词库。税费知识问答库包括单一和多轮问答库；专题词库包括税务专有词库、税务名词解释库、同义词库、近义词库、闲

聊库和敏感词库等。智库运维由 12366 国家级中心负责维护通用库，由各级 12366 纳税缴费服务热线纳税服务主管部门负责维护地方库。智库运维包括知识采集、知识审核、知识发布、知识维护和语义训练等环节。

IVR 维护包括按键式 IVR 维护和智能导航 IVR 维护。按键式 IVR 维护是指根据实际工作的需要，综合考虑纳税人体验的舒适度、使用频率、使用习惯等因素，按照流程科学、操作简便、语音优美、内容准确的要求，通过按键操作的方式，对 12366 纳税缴费服务热线 IVR 的节点设置、流程设置、文本内容、录音制作等内容进行维护。智能导航 IVR 维护是指利用语音转写、语义理解等技术实现人机交互，由系统根据来电人语言表述自动应答或引导办理业务的维护。

（六）12366 数据分析与绩效评估

12366 数据分析是通过统计系统及其他记录中各类运行及业务数据信息，包括 12345 政务服务便民热线转至 12366 纳税缴费服务热线的电话和工单流转、办理、反馈情况以及 12345 政务服务便民热线使用共享知识库情况等数据统计，采用有效分析方法，反映 12366 纳税缴费服务热线的运行状况、人员的绩效水平、税费政策落实情况，实现提升热线整体运行效能、提高人员业务能力、准确定位纳税人的普遍需求、促进税费管理优化的目标。

绩效评估是指运用科学系统的评估方法，按照既定的流程和标准，对 12366 纳税缴费服务热线的整体运行质效和工作人员的工作情况进行客观、公正的反映和评估。

（七）12366 纳税缴费服务热线服务调查

服务调查包括专项调查和内部调查。

专项调查是指 12366 纳税缴费服务热线基于本部门或者其他部门的调查需求，在一定纳税人对象范围中开展的针对特定业务的涉税调查。

内部调查是指 12366 纳税缴费服务热线根据上级部门要求，对税务系统内部特定对象开展的特定业务调查。

三、12366 纳税缴费服务热线并入 12345 政务服务便民热线工作机制

根据国务院规定，2021 年底前 12366 纳税缴费服务热线归并统一为"12345 政务服务便民热线"，12366 纳税缴费服务热线以分中心的形式归并到所在地的 12345 政务服务便民热线，保留号码和话务座席，提供 7×24 小时全天候人工服务。

(一) 归并后工作机制

12366 纳税缴费服务热线与 12345 政务服务便民热线建立电话转接机制，保留 12366 纳税缴费服务热线号码、座席和现有管理模式，与 12345 政务服务便民热线连通业务信息系统，明确业务转办流程，共享税收知识库，实现热线电话互通和业务互转，实现"四个共享"，为纳税人提供更加优质、便捷、精细的服务。

1. 实现电话互通共享，纳税人拨打 12345 政务服务便民热线或 12366 纳税缴费服务热线电话，无需再次拨号可直接互转电话。

2. 实现工单互转共享，12345 政务服务便民热线生成工单可流转至 12366 纳税缴费服务热线处理，也可从 12366 纳税缴费服务热线反馈至 12345 政务服务便民热线。

3. 实现知识共享，12366 纳税缴费服务热线定期向 12345 政务服务便民热线推送税收知识库相关税费知识。

4. 实现数据共享，对于 12345 政务服务便民热线受理和转办至 12366 纳税缴费服务热线的税费业务，双向推送呼转电话和派发工单信息，以及流转、办理和反馈情况等数据。

(二) 业务分工

12345 政务服务便民热线受理的税费业务，属于一般性税费咨询的，12345 政务服务便民热线可依据共享的税收知识库直接解答；属于相对专业、复杂的税费咨询和投诉举报等业务的，通过电话呼转、工单转办等方式流转到 12366 纳税缴费服务热线快速处理，并纳入"好差评"管理。

四、12366 纳税服务平台建设

根据《12366 纳税服务升级总体方案（试行）》，国家税务总局 2015 年开始建设以 12366 纳税缴费服务热线为基础，以人工智能、大数据、移动互联等信息技术为支撑，建设"热线、网线、无线"互联互通的纳税服务平台项目。2018 年 12 月平台建设完成并开始在全国推广使用。

(一) 平台建设目标

以国内领先、国际一流为目标，以国家级中心和省级中心两级支撑为基础，优化"纳税人需求、税收知识库、专业化团队"三类管理，推出"网站建设、热线系统升级、移动互联应用、国家级中心建设"四项举措,围绕"涉税咨询的重要平台、宣传政策的重要阵地、办税服务的重要载体、锻炼干部的重要基地、展示形象的重要窗口"五个定位,建成集纳税咨询、税法宣传、办税缴费服务、投诉受理、需求管理、纳税人满意度调查六项功能于一体的综合性、品牌化纳税服务平台,将12366"听得见的纳税服务"提升为"能问、能查、能看、能听、能约、能办"的"六能"型综合办税服务平台。

(二) 优化三类管理

优化管理主要是优化需求管理、优化知识库管理和优化团队管理三类。

1. 优化需求管理。

建立纳税人需求收集、分析、处理、反馈动态管理机制,多渠道采集纳税人动态数据,采取技术手段深度挖掘海量数据中隐藏的纳税人需求特征。根据纳税人共性需求,提供针对性更强的宣传推送服务,并为纳税服务和税收整体工作提供决策参考信息。根据对纳税人行为痕迹的跟踪,归纳分析纳税人个性需求,通过网站、移动终端等渠道为纳税人提供个性化服务。

2. 优化知识库管理。

制定12366税收知识库管理办法,规范知识库运维的内容、流程、模式、保障等。实现国家税务总局12366北京纳税服务中心对全国通用知识统一运维、国家税务总局12366上海(国际)纳税服务中心对国家战略税收业务重点运维相结合的集中运维模式,确保知识库支撑作用的全面发挥。建立知识库修正机制,完善纠错功能,不断提高知识库的准确性和权威性。扩大知识库应用范围,将12366知识库系统提升为既支撑12366纳税缴费服务热线,又支撑税务机关门户网站、移动终端、办税服务厅和其他公开电话等咨询渠道的统一后台支持系统,提高税费咨询服务的规范性和统一性。开发12366知识库手机版和税务百度,拓宽税法咨询和宣传渠道。

3. 优化团队管理。

根据12366纳税服务平台的工作特点,制定科学的人才培养规划,通过优化培训、强化锻炼、定期推荐等机制,使12366纳税服务平台成为锻炼干部的重要基地。重视12366纳税服务平台咨询专家团队建设,选拔优秀座席人员和系统税务专家,组建一支既精通税收业务又精通服务热线业务的相对稳定的团队;合理安排咨询专家的工作,加强对专家团队的培训管理,确保咨询专家对咨询前台形成有效支撑;编写紧扣12366纳税服务平台咨询工作实际的专业化培训系列教材；建立定期实习机制和人才交流机制；实施绩效考核，并在人员聘用、职务晋升、工资福利等方面给予激励；改善内外环境，给各类人才的使用和发展提供充足的空间。

(三) 推出四项举措

在网站建设、热线系统升级、移动互联应用、国家级中心建设四个方面不断升级完善。

1. 网站建设。

运用"互联网+"思维，开创热线、网线、无线并行互通的新局面，建设全国统一的12366网上纳税服务平台，将传统线下办理的涉税事项拓展为线上线下均能办理，使其成为集宣传、咨询、办税、维权于一体的综合性服务平台。以12366网站为核心，搭建12366全国网上纳税服务平台，与各省网上办税系统、热线系统、移动互联系统互联互通，实现纳税人办税从"多点登录"到"一网全通"。同时，运用云计算和大数据技术，通过对纳税人信息的动态关联、比对分析，实现纳税咨询从"答您所问"到"先您所想"。通过系统升级，实现热线系统国家级中心与省级中心之间的双向互通。

2. 热线系统升级。

建立话务质量日常监测制度，促进人工语音服务更加专业精准。优化12366纳税缴费服务热线系统语音业务记录功能，增强记录的规范性、实用性。使用语音识别技术，实现语音到文字记录的实时转换，提高热线系统记录的便捷性。加强自动语音系统管理，完善自动语音菜单设置，使其配置更加灵活，满足不同时期工作需要。拓展12366纳税缴费服务热线语音咨询接入渠道，实现网站和移动终端咨询系统与热线系统语音互动。逐步推广基于用户个性化需求的定制服务。优化升级12366纳税缴费服务热线涉税信息查询功能，拓展查询项目，丰富查询内容，不断满足纳税人便捷办税需要。

3. 移动互联应用。

移动互联应用发挥移动互联用户黏性强、操作便捷、技术成熟、使用成本低的优势，建设全省统一的移动互联办税服务系统，使纳税服务方式不仅要有"台上"服务、"网上"服务，还要有"掌上"服务，努力实现纳税服务由"足不出户"到"如影随形"。移动互联办税服务系统应当实现资讯、互动、办税、查询、维权五项功能以手机App应用系统为主要实现方式，微信、微博等渠道为辅助。在具体模块的设计上，充分体现移动互联终端的功能特点，使纳税人易于接受和乐于使用。

4. 国家级中心建设。

以服务细分策略为指导，根据区域特点、优势和纳税人集中度，选取热线管理水平较高的省级12366纳税服务中心改造升级，建立国家级12366纳税服务中心，负责特定税收业务政策咨询、知识库运行维护、疑难问题答复等工作。建设国家税务总局12366上海（国际）纳税服务中心，结合上海区域特点、功能定位，将上海中心建设成为服务国家战略的纳税服务平台，重点突出四大功能，即面向世界的国际交流功能、服务国家发展战略的特定功能、纳税服务的创新基地、税收历史与现实展示的体验平台。北京中心与上海中心同为国家级中心，业务上共同接受国家税务总局纳税服务司指导，除本地业务外还分别承担以下工作任务：北京中心承担对各地12366纳税服务中心的管理指导、负责全国纳税服务投诉举报的受理督办、全国通行政策知识库的运行维护、全国纳税服务需求调查分析、12366纳税服务网站建设与运行维护、部分承担全国纳税服务热线质量监控管理；上海中心承担对特定业务知识库的运行维护、纳税服务的国际交流与合作、有关国家战略的纳税服务需求调查分析、部分承担全国纳税服务热线质量监控管理。各省12366纳税服务中心在业务上接受国家税务总局纳税服务司和国家级中心指导，承担本地12366纳税缴费服务热线等服务渠道的运行管理、质量监控、知识库运行维护、需求调查、纳税服务投诉和国家级中心分派的各项工作任务。

 本章思考题

1. 税务机关日常工作中宣传渠道有哪些？
2. 今年全国税收宣传月期间，各地税务机关开展了哪些相关工作？
3. 纳税人学堂网络教学平台主要模块包括哪些？
4. 什么是税费优惠精准推送，税费优惠精准推送有哪些优点？
5. 纳税咨询的形式主要包括哪些？
6. 对于网上留言方式提出的涉税问题，处理流程是如何规定的？
7. 面对面咨询服务应遵守哪些要求？

8. 12366 纳税缴费服务热线能提供哪些服务？

9. 纳税缴费咨询都有哪些渠道？

10. 12366 纳税缴费服务热线现场管理是指什么，包括哪些内容？

11. 12366 纳税缴费服务热线数据分析是什么，包括哪些内容？

12. 12366 纳税缴费服务热线与 12345 政务服务便民热线归并后的工作机制是什么？

第三章　办税缴费服务

【学习目标】了解办税缴费服务渠道、纳税服务规范、办税缴费服务制度、政务服务"好差评"制度，以及税务部门提高办税缴费服务质量、提升办税服务厅管理水平的效果。

第一节　办税缴费服务渠道

一、办税服务厅

办税服务厅是指税务机关依职责为纳税人集中办理涉税事项以及社会保险费和非税收入缴纳事项，提供服务的场所。

(一) 办税服务厅工作内容

办税服务厅的工作内容主要包括办理纳税缴费事项（以下简称税费事项），引导、辅导纳税人办理税费事项，宣传税费法律法规和政策，收集纳税人意见建议，依照职责办理税务违法行为简易处罚事项，办理其他相关事项等。

(二) 办税服务厅服务区域设置

办税服务厅一般设有办税服务区、咨询辅导区、自助办税区和等候休息区等功能区域。

1. 办税服务区，是办税服务厅提供办税缴费服务的主体区域。应当以纳税人办税缴费便利和窗口服务高效为原则，合理设置办税服务区的窗口数量、配备窗口服务人员。

2. 咨询辅导区，是受理纳税人咨询、进行办税缴费辅导的区域。应设置咨询服务岗，并视纳税人数量配备专职人员或兼职人员受理咨询。

3. 自助办税区，是纳税人自行办理税费事项的区域。

4. 等候休息区，是为纳税人提供等候休息、了解税费政策、获取税费信息的区域。

(三) 办税服务厅窗口设置

1. 窗口类型。办税服务厅可根据实际情况设置综合窗口和专业窗口。综合窗口统一受理、办理各类税费业务，为纳税人提供"一窗式"服务；专业窗口根据需要设置，办理相对独立业务。

2. 窗口管理。根据办税服务厅业务量，动态调整窗口数量与职能，合理调配窗口资源，既要为防止窗口拥堵做好应急准备，也要防止出现忙闲不均现象。

(四) 办税服务厅标识

办税服务厅标识包括外部标识、内部标识。

1. 外部标识。

外部标识是指办税服务场所门牌标识，通过统一规范的外观、名称、图案、颜色、字体，引导和方便纳税人办理税费事项。外部标识分为横向标识、竖向标识、立式标识。

办税服务厅标识由名称、图案、颜色等元素组成。办税服务厅标识名称包括普通样式和少数民族样式两种类型。普通样式由中英文两种文字组成，少数民族样式由少数民族文字和中文两种文字组成。文字标准如下：

(1) 中文。标准字为"办税服务厅"，字体为方正大黑简体。

(2) 英文。标准字为"Taxpayer Service Hall"，字体为 Times New Roman。

(3) 少数民族文字。限于少数民族地区使用，其标准字为"办税服务厅"的少数民族文字译文，字体由少数民族地区决定。

办税服务厅标识图案为税徽。标识底色为 pantone 2945 c 古蓝色。标识中，税徽的红色填充色为 pantone 1795 c，黄色填充色为 pantone yellow c。标识名称文字色为 pantone 白色。此外，标识中，图案、文字的位置相对固定，立式标识的正、背面标识元素保持一致。

标识应用应符合税务系统机构设置原则和有关规定。各办税服务厅应统一使用国家税务总局规定的办税服务厅外部标识，名称为"办税服务厅"。设在政务中心或政府职能部门的办税缴费服务场所，其外部标识兼顾当地政府部门管理要求。

2. 内部标识。

内部标识主要是通过规范设置办税服务场所功能区、窗口、服务设施、背景墙等标识，引导和方便纳税人根据标识办理税费事项，是传递税务机关纳税服务理念的视觉识别系统。办税服务厅内部各类标识底色统一为 pantone 2945 c 古蓝色，文字色为 pantone 白色，配比为 C：100、M：38、Y：0、K：15。

中文字体为方正大黑简体，英文字体为 Times New Roman。

（1）窗口标识。办税服务厅应按照国家税务总局统一标准设置办税窗口标识，窗口名称应当简明、准确。窗口标识应采取吊挂式，安装在办税工作平台正上方，距离工作台面 1.5 米为宜，各窗口标识之间应当保持合适距离，确保整齐和美观。窗口标识和名称可采用电子液晶显示屏的形式。电子液晶显示窗口应按顺序进行编号，每个窗口注明窗口名称。

（2）功能区标识。办税服务厅应设置办税服务区（Tax Service Area）、咨询辅导区（Consultation Area）、自助办税区（Self-service Area）、等候休息区（Waiting Area）。功能区域标识一般采取吊挂式，在功能区域所在地正上方安装，距离台面 1.5 米高为宜。

（3）服务设施标识。公告栏、意见箱等服务设施标识，可按照标识基本元素要求，结合设施实际尺寸自行设计安装。

（4）背景墙标识。办税服务场所背景墙等大型标识应统一采用"税徽+为国聚财 为民收税"的样式，标识的颜色、字体等基础元素与内部标识基本元素要求一致。标识规格可由各地根据各办税服务场所的实际情况因地制宜确定。

（5）设在政务中心或政府职能部门的办税服务场所，内部标识以当地政务中心要求为准。

二、电子税务局

电子税务局是为纳税人提供互联网办税缴费服务的渠道。电子税务局分为 PC 端和移动端。

PC 端作为电子税务局面向纳税人提供互联网办税服务的主体渠道，提供全功能的业务办理。

移动端是在 PC 端基础上对纳税人办税缴费渠道的延伸，是实现税务移动信息化的有效载体，可充分利用移动设备的硬件功能优势，提高纳税人办税缴费效率，提升纳税人办税缴费体验。

电子税务局以税收法律法规和规范性文件为指导，以最新业务规定和改革成果为业务基础，基于部分业务功能办理相互关联的特点，对关联性业务场景进行整合,实现了主要涉税事项全程网上办理、服务功能"应上尽上"。

三、自助办税终端

自助办税终端是指为纳税人提供自助办理涉税事项以及社会保险费和非税收入缴纳事项的专用终端设备或装置。

自助办税终端的开发、应用和管理遵循规范统一、使用便捷、管理高效、运行安全的原则。税务机关应统筹规划,因地制宜推广应用自助办税终端。

自助办税终端应具备发票办理、申报缴纳、证明办理、信息查询4大类16项基本业务功能。具体包括：发票领用、发票验旧、代开增值税普通发票、代开增值税专用发票、增值税税控系统专用设备初始发行、增值税发票数据报税、发票选择确认、发票查验、车辆购置税申报缴纳、城乡居民社会保险费申报缴纳、开具税收完税证明、开具个人所得税完税证明、开具个人所得税纳税记录、开具社会保险费缴费相关证明、涉税信息查询、纳税信用级别结果查询。

发票办理相关业务的自助办税终端需与电子发票公共服务平台衔接。各地税务机关可选择《自助办税终端功能拓展负面清单》以外的业务事项,拓展自助办税终端业务功能。

《自助办税终端功能负面清单》由国家税务总局从业务、技术安全角度制定,并实行动态管理。

第二节 纳税服务规范

一、纳税服务规范的沿革

(一)纳税服务规范1.0版

自2014年以来,国家税务总局按照"最大限度服务纳税人、最大限度规范税务人"的原则,全面推行纳税服务规范。2014年10月1日,推行《全国县级税务机关纳税服务规范》(以下简称纳税服务规范1.0版),共包括税务登记规范、税务认定规范、发票办理规范、申报纳税规范、优惠办理规范、证明办理规范、宣传咨询规范、权益维护规范、文明服务规范9类72项212个服务事项 1120 条服务规范。

纳税服务规范 1.0 版针对当时全国各地县级税务机关存在的服务内容不一致、服务流程不统一、文明服务要求不规范等服务发展不平衡问题，从全国层面统一了县级税务机关的基本服务事项处理规范，设定了纳税服务基准水平，从而使不同区域、不同群体的纳税人能够享受到在制度保障下基本一致的服务。

纳税服务规范 1.0 版总结归纳了当时部分先进地区已经实现的创新服务措施制定的服务要求，提出了 278 条升级规范，提升对服务的要求，并指引服务的发展方向，使纳税服务工作持续改进。

纳税服务规范 1.0 版借鉴了国家标准理念制定纳税服务规范，但并未建立覆盖省市、指标量化的纳税服务标准。

（二）纳税服务规范 2.0 版

纳税服务规范 1.0 版自 2014 年 10 月 1 日试行以来，在规范前台服务、提升服务质效方面发挥了明显作用。本着依法治税、简政放权、完善内容、持续改进的原则，国家税务总局按照"流程更优、环节更简、耗时更短、效果更佳"的要求对其进行了升级完善，吸收了各地意见建议，更新了新发布税收政策内容，增加了省、市两级税务机关服务事项，形成覆盖省、市、县三级税务机关的《全国税务机关纳税服务规范（2.0 版）》（以下简称纳税服务规范 2.0 版），自 2015 年 3 月 1 日起施行。

纳税服务规范 2.0 版与纳税服务规范 1.0 版相比，在以下几个方面实现了升级改进：一是贯彻依法治税，所有规范事项均依法依规进行梳理和完善；二是深化简政放权，调整缩减审批事项，下放部分审批权限；三是充实完善内容，新增省市税务机关规范事项，补充地税业务规范事项；四是提升服务水平，缩短事项办理时限，优化办税流程环节；五是强化权益保护，注重服务小微企业和自然人等纳税群体；六是便利基层操作，规范事项按国地税、省市县、审批类等区分标注。

纳税服务规范 2.0 版立足税务部门的前台服务，涵盖纳税人依申请和税务部门依职权的服务事项，具体包括 9 类 76 项 236 个服务事项 1372 条服务规范。9 类分别为税务登记规范、税务认定规范、发票办理规范、申报纳税规范、优惠办理规范、证明办理规范、宣传咨询规范、权益维护规范、文明服务规范。每一类包括概述和每个服务事项的业务描述、报送资料、基本流程、基本规范和升级规范，并标注省市县、国地税服务事项，最后用"附表"简明概括该类服务规范的主要内容。此外，为了便于读者理解纳税服务规范 2.0 版内容，附录部分对一些术语作了解释；以《服务事项类别表》的形式列示每个服务事项的税务类别、审批类型、业务层次。

(三) 纳税服务规范 3.0 版

为适应国税地税征管体制改革后的新机构、新变化，回应纳税人的新期待，国家税务总局在研究探索升级纳税服务规范的基础上，集中组织编写了《全国税务机关纳税服务规范（3.0 版）》（以下简称纳税服务规范 3.0 版），自 2019 年 11 月 1 日起施行，共包括信息报告规范、发票办理规范、申报纳税规范、优惠办理规范、证明办理规范、社会保险费及非税收入规范、出口退（免）税规范、国际税收业务规范、信用评价规范、税务注销规范、涉税（费）咨询规范、涉税信息查询规范、纳税服务投诉规范、涉税专业服务规范 14 类 60 项 200 个服务事项 1478 条服务规范。

二、现行纳税服务规范的主要内容

(一) 总体思路

纳税服务规范 3.0 版的编写按照"12345"的总体思路。"1"是树立 1 个理念，即牢固树立以纳税人为中心的理念。"2"是坚持 2 个原则，即坚持"最大限度便利纳税人、最大限度规范税务人"的原则。"3"是围绕 3 个契合，即与国税地税征管体制改革后的新机构相契合，与税务部门的新职责相契合，与新的税收征管方式相契合。"4"是做到 4 个充分吸收，即充分吸收"放管服"改革优化营商环境系列措施、充分吸收税制改革和减税降费政策举措、充分吸收最新法律法规政策文件规定、充分吸收基层服务纳税人的创新经验。"5"是实现 5 个全面对接，即与征管操作规范全面对接，做到事项对应清晰、核心内容一致；与电子税务局建设规范全面对接，做到线上线下深度融合；与国务院办事指南要求全面对接，做到重点要素完备、个性要素鲜明；与"放管服"改革和优化税收营商环境五年方案全面对接，做到到期目标制度化、远期目标导向化；与优化税收执法方式健全税务监管体系全面对接，做到放管结合、有序衔接，积极构建自主遵从、优质便捷的纳税服务体系。

（二）基本框架

纳税服务规范 3.0 版章节按照纳税人"设立、经营、注销"的生命周期排列，共分 14 章。其中，根据"放管服"改革要求，将税务登记规范改为信息报告规范；继续保留发票办理规范、申报纳税规范、优惠办理规范和证明办理规范；根据职能变化，新增社会保险费及非税收入业务规范；从服务国家"一带一路"建设的角度，将出口退（免）税规范、国际税收规范单列；突出生命周期特点，将税务注销规范单列；从纳税人需求出发，将信用评价规范、涉税（费）咨询规范、涉税信息查询规范、纳税服务投诉规范、涉税专业服务规范单列。

（三）编写体例

纳税服务规范 3.0 版保持原规范中事项名称、业务描述、报送资料、办理地点、办理时间、办理流程、基本规范、升级规范等 8 个要素内容不变；按国务院对办事指南的新要求，增加设定依据、办理机构、收费标准、联系电话 4 个要素；为进一步提升纳税人体验，增加纳税人注意事项 1 个要素。

> **延伸阅读**
>
> ### 纳税服务规范 3.0 版（节选）
>
> 【事项名称】
>
> 开具个人所得税纳税记录
>
> 【申请条件】
>
> 纳税人 2019 年 1 月 1 日以后取得个人所得税应税所得并由扣缴义务人向税务机关办理了全员全额扣缴申报，或根据税法规定自行向税务机关办理纳税申报的，不论是否实际缴纳税款，均可以申请开具个人所得税《纳税记录》。
>
> 【设定依据】
>
> 《国家税务总局关于将个人所得税〈税收完税证明〉（文书式）调整为〈纳税记录〉有关事项的公告》（国家税务总局公告 2018 年第 55 号）第一条

【办理材料】

序号	材料名称	数量	备注
1	身份证件原件	1份	查验后退回
有以下情形的,还应提供相应材料			
适用情形	材料名称	数量	备注
委托他人代为开具	受托人身份证件原件	1份	查验后退回
	委托人书面授权资料	1份	

【办理地点】

可通过办税服务厅(场所)、自然人电子税务局、自助办税终端办理,具体地点和网址可从省(自治区、直辖市和计划单列市)税务局网站"纳税服务"栏目查询。

【办理机构】

主管税务机关

【收费标准】

不收费

【办理时间】

即时办结

【联系电话】

主管税务机关对外公开的联系电话,可从省(自治区、直辖市和计划单列市)税务局网站"纳税服务"栏目查询。

【办理流程】

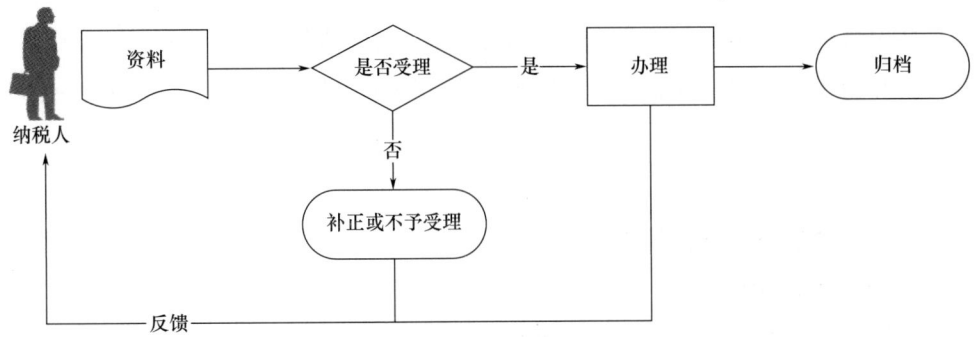

【纳税人注意事项】

1. 纳税人对报送材料的真实性和合法性承担责任。

2. 税务机关提供"最多跑一次"服务。纳税人在资料完整且符合法定受理条件的前提下，最多只需要到税务机关跑一次。

3. 纳税人使用符合电子签名法规定条件的电子签名，与手写签名或者盖章具有同等法律效力。

4. 个人所得税税款所属期为2019年1月1日（含）以后的，税务机关开具个人所得税《纳税记录》；税款所属期为2018年12月31日（含）以前的，税务机关开具个人所得税《税收完税证明》（文书式）。

5. 个人所得税《纳税记录》涉及纳税人敏感信息，请妥善保存。

6. 纳税人对个人所得税《纳税记录》存在异议的，可以向该项记录中列明的税务机关申请核实。

7. 税务机关提供两种个人所得税《纳税记录》验证服务。一是通过手机App扫描个人所得税《纳税记录》中的二维码进行验证；二是通过自然人税收管理系统输入个人所得税《纳税记录》中的验证码进行验证。

8. 个人所得税《纳税记录》因不同打印设备造成的色差，不影响使用效力。

9. 个人所得税《纳税记录》不作纳税人记账、抵扣凭证。

【基本规范】

略。

第三节　办税缴费服务制度

一、办税缴费服务制度简介

办税缴费服务制度包括首问责任制度、一次性告知制度、限时办结制度、办税公开制度、预约服务制度、延时服务制度、通办服务制度、"最多跑一次"服务等服务制度。

二、办税缴费服务制度内容

1. 首问责任制度。

首问责任制度是指纳税人到税务机关或通过电话等方式办理税费事项或寻

求税费事项帮助时，首位接洽的工作人员为纳税人办理或有效指引纳税人完成税费事项的制度，包括税费业务办理、税费业务咨询、纳税服务投诉和税收工作建议。

延伸阅读

落实"首问责任制" 只跑一趟暖人心

2021年11月，连日来的雨雪天气给市民出行带来了极大的不便。可即便如此，某市税务局办税服务厅依然是忙得热火朝天，来来往往的纳税人需求不尽相同，办税服务厅的工作人员也使出浑身解数帮助纳税人解决各种各样的问题。

2021年11月16日上午，办税服务厅迎来了一位焦急的纳税人。纳税人刘先生在街道缴纳社保的时候，通过社区查询发现他名下有两户企业，一户已经注销，另一户还在他的名下，影响刘先生正常缴纳社保。刘先生在咨询市场监管部门之后，得知需要到税务局注销他名下的企业。

但是工作人员在税务系统内并未查询到该纳税人名下存在企业的原因。刘先生想回到市场监管部门再次询问，工作人员为了纳税人方便，立即请示了办税服务厅的主任王德芳，王德芳主动与市场监管部门进行沟通，了解到刘先生并不是这家企业的法人代表，而是因为出资人的身份影响了社保的正常缴纳。得知原因后，窗口人员为刘先生正常办理了业务。刘先生也连连表示感谢："我还以为我得再跑一趟呢，结果来了一次就解决了，税务部门工作真有效率。"

"遇到这种情况，我们一定要把'首问负责制'放在第一位，积极主动地为纳税人解决问题。"王德芳经常在早会上提醒办税服务厅的工作人员："面对类似情况，要积极与相关部门沟通，帮助纳税人把事情梳理清楚，让纳税人了解具体情况，即使我们麻烦一点，也要尽可能减少纳税人办业务的繁琐程度，能让纳税人少跑一趟就少跑一趟。"

2. 一次性告知制度。

一次性告知制度是指办税服务厅在受理纳税人税费事项时，对资料不符合规定的，工作人员应一次性告知；对不予办理的税费事项要说明理由、依据等。一次性告知可通过书面或口头方式进行，税务行政许可事项必须书面告知。

> **延伸阅读**
>
> **一次性告知让纳税人办税缴费"最多跑一次"**
>
> "这是您办税所需要的资料清单,请您收好。"2021年10月20日,某市税务局办税服务厅工作人员为前来咨询办税事宜的刘大爷手抄了一份"一次性告知书",注明了所需资料以及注意事项。
>
> 原来,刘大爷有一处闲置住房租给了一家企业,现在企业需要刘大爷给他提供发票以便付房款。刘大爷已年过半百,孩子都不在家,自己第一次开发票,他不知道办理该项业务需要带哪些资料、流程是什么样的、相关税率是多少,所以提前到办税服务厅咨询一下。办税服务厅咨询辅导区工作人员了解情况后,耐心为其解答,直到刘大爷弄清弄懂需要带的每一项资料及流程,受到刘大爷的赞赏。
>
> "以前,我们多采用口头式告知方式,有时会存在表述不规范、纳税人难以记全等问题,现在通过一次性告知书,对办理事项所需提交的资料清单、注意事项以统一的书面形式详细反馈给纳税人,让纳税人办税缴费最多跑一次。"该市税务局相关负责人介绍。

3. 限时办结制度。

限时办结制度是指办税服务厅对纳税人发起的非即办事项,应在规定的时限内办结或答复。

4. 办税公开制度。

办税公开制度是指税务机关依据国家法律、法规的规定,在税收征收、管理、检查和实施税收法律救济过程中,依照一定的程序和形式,向纳税人公开相关涉税事项和具体规定。

5. 预约服务制度。

预约服务制度是指税务机关与纳税人约定在适当的工作时间办理税费事项。预约服务可以由纳税人发起,也可以由税务机关发起,服务时间由双方协商约定,包括税费业务办理、税收政策咨询以及省税务机关确定的其他事项。

> **延伸阅读**

推行预约办税系统 纳税人来了马上办

"不用一大早就排队,可以睡到八点半再起床,九点多直接过来签到办事,实在是太方便了。"纳税人王某对税务系统新推出的预约办税系统赞不绝口。

办税高低峰忙闲不均、有时排队等候拥挤等,为解决这些办税过程中面临的问题,某省税务系统着力开发并试点推广预约办税系统。2020年12月9日,B区税务局作为该省两个试点单位之一,率先推广运用纳税人预约办税系统,取得积极反响,获得广大纳税人和社会各界的广泛好评。仅2020年12月,该局即通过该系统提供预约服务10300户次。

据悉,该系统只要微信扫码即可预约、优先办税,随着预约办税的推进,纳税人已经高度认同并习惯使用预约办税系统。目前每小时段等候号不超过5人,只要预约成功,纳税人平均等候时长为3—5分钟,既解决了办税窗口忙闲不均的问题,缓解了办税高峰压力,又减少了纳税人排队等候时间,极大地降低了征纳双方的成本。

6. 延时服务制度。

延时服务制度是指税务机关对已到下班时间正在办理税费事宜以及已在办税缴费服务场所等候办理税费事项的纳税人提供延时办税缴费的服务制度。

> **延伸阅读**

"延时服务"暖人心 纳税服务不打烊

为持续优化营商环境,进一步提升服务质效,增强企业办事的便利性,提升纳税人满意度和获得感,D县税务局将纳税服务与党史学习教育、营商环境"一号发展工程"、纳税人满意度调查、便民办税春风行动等工作相结合,创新服务方式,合理安排人员,实行"早晚弹性办、午间不中断、晚间不打烊"的延时服务制度,切实解决纳税人的"痛点、难点、堵点",积极为纳税人办好事、办实事。

"原以为会白跑一趟,没想到工作人员愿意牺牲下班时间为我们办业务,真的太感谢了!"2022年4月11日下午6点13分,某有限公司办税人员王先生急需办理企业注销业务,但由于其存在税务手续未提前申报的情况,无法通过"电子税务局"自行办理,赶到办税服务厅时已经是下班时间。得知这种情况,窗口办税人员主动提供延时服务,加班为其完成业务办理,最大程度提升纳税服务体验。办税服务厅负责人说道:"作为窗口单位,我们积极兑现各项服务承诺,严格落实延时工作制等制度,切实解决服务纳税人'最后一公里'问题,全力以赴保证满足纳税人的需求,让广大纳税人高兴而来、满意而归"。

延时服务看似是一项细小举措,却是以纳税人需求为导向,意义重大。从"准时下班"到"延时服务",从"按时上班"到"预约服务",D县税务局始终把纳税人的需求放在第一位,急纳税人之所急、帮纳税人之所需,大力推行"延时服务",让办事群众享受的服务不"延时",情暖纳税人已成目前的工作常态。

7. 通办服务制度。

通办服务制度是指税务机关通过办税服务厅、自助办税终端等渠道为纳税人提供不受地域限制、主管税务机关区域限制的办税服务。包括同城通办、省内通办、全国通办。

8. "最多跑一次"制度。

"最多跑一次"制度是指纳税人办理税务机关发布的《"最多跑一次"清单》范围内事项,在资料完整且符合法定受理条件的前提下,最多只需要到税务机关跑一次。

延伸阅读

2019年11月1日起178个办税事项"最多跑一次"

2019年11月1日起,H省正式施行全新的《办税事项"最多跑一次"清单》(以下简称《清单》),178个办税事项"最多跑一次"。10月29日,国家税务总局H省税务局(以下简称省税务局)公告相关消息,这是该省持续推进"放管服"改革,不断优化纳税服务和税收营商环境的又一重要举措。

H省税务局表示,2019年4月曾经发布过一份办税事项"最多跑一次"清单,而此次公布的全新《清单》是 H 省税务局根据《全国税务机关纳税服务规范（3.0 版）》,结合 H 省实际,在原清单基础上重新梳理和更新,合并、删除了 48 个事项,增列 54 个事项。

据介绍,新的《清单》中,单个办理事项涉及信息报告、发票办理、申报纳税、优惠办理等 11 大类 149 个;并联办理事项涵盖纳税人初次申领发票、纳税人非初次申领发票、清税注销、自然人二手房交易等 8 大类 29 个。

纳税人可通过 H 省税务局及 H 省内任一办税服务厅查阅"最多跑一次"办税指南,详细了解办理条件、报送资料、办理时限、办理方式及办理流程等相关内容,H 省各级税务机关也将积极辅导纳税人进行办理。

第四节　政务服务"好差评"

一、政务服务"好差评"简介

（一）政务服务"好差评"制度

政务服务"好差评"制度是指各级政务服务机构（含大厅、中心、站点、窗口等）、各类政务服务平台（含业务系统、热线电话平台、移动服务端、自助服务端等）全部开展"好差评",线上线下全面融合,实现政务服务事项全覆盖、评价对象全覆盖、服务渠道全覆盖。

（二）政务服务"好差评"渠道

1. 现场服务"一次一评"。政务服务机构要在服务窗口醒目位置设置评价器或评价二维码,方便办事企业和群众自主评价。评价一般可设置"很好""好""一般""差""很差"或"非常满意""满意""基本满意""不满意""非常不满意"五个等级,后两个等级为差评。

2. 网上服务"一事一评"。政务服务平台要设置评价功能模块或环节,方便企业和群众即时评价。

3. 社会各界"综合点评"。通过意见箱、热线电话、监督平台、电子邮箱等多种渠道和方式,主动接受社会各界的综合性评价。

4. 政府部门"监督查评"。按照一定比例随机抽取参与评价的企业和群众,开展回访调查。

二、税务部门"好差评"

(一) 评价主体

政务服务的评价主体包括纳税人和其他组织。

(二) 评价范围

纳入评价的政务服务机构为办税服务厅窗口(含入驻政务服务中心的税务窗口)。纳入评价的政务服务平台包括电子税务局、12366纳税缴费服务热线、自助办税终端等在内的税务部门政务服务平台。

(三) 评价等级

评价等级分为"非常满意""满意""基本满意""不满意""非常不满意"五个等级,后两个等级为差评。

(四) 评价渠道

1. 按照"一次一评"原则开展现场服务评价。办税服务厅窗口和12366纳税缴费服务热线按照"一次一评"原则开展评价,未当场作出评价的纳税人可在5个工作日内补充评价。

2. 按照"一事一评"原则开展网上服务评价。政务服务平台要设置评价功能模块和环节,方便纳税人即时评价,未当场作出评价的纳税人可在5个工作日内补充评价。

3. 开展"综合点评"。通过意见箱、热线电话、电子邮箱等多种渠道和方式,主动接受社会各界的综合性点评。

(五) 回访整改

按照"谁办理、谁负责"的原则,由各政务服务机构和平台主管部门第一时间启动程序,安排专人回访核实,做好差评和投诉回访整改情况的记录。对情况清楚、诉求合理的,当场解决,立行立改;对情况复杂、短时间内难以解决的,建立台账,限期整改;对缺乏法定依据的,做好解释说明;对核实为误评或恶意差评的,评价结果不予采纳。

第五节　征纳互动服务

以中共中央办公厅、国务院办公厅印发的《关于进一步深化税收征管改革的意见》为指引，税务部门深入推进精细化、智能化、个性化的税费服务新体系建设，规划设计了征纳互动服务模式。征纳互动服务是以税收大数据为驱动力，依托云计算、人工智能等技术，引入行为洞察等研究成果，构建"精准推送、智能交互、办问协同、全程互动"互动服务，建立"辅导办理一体化、流转处理扁平化、税费服务场景化"的征纳互动服务运营机制，将智能、高效、精准、便捷的互动融入税费服务的全过程。

在技术实现的方式上，征纳互动税务人端的操作和管理功能统一集成至电子工作平台；征纳互动纳税人端服务嵌入到纳税人实际使用的各种涉税平台，支持在电子发票服务平台、电子税务局、自然人电子税务局等的每一个办税页面上设置征纳互动服务图标"悦悦"，纳税人在业务办理过程中可以随时点击"悦悦"获取辅导服务。

征纳互动服务前端显示为"悦悦"图标，后端集成了精准推送、智能应答、人工互动、依职分办、电话互动、留言互动、预约互动、智能知识库、调查和反馈、可视答疑、运行监控等功能。在服务过程中，纳税人的问题一般先由智能机器人进行解答，也可由税务人员综合运用文字、图片、音视频、屏幕共享、智能知识库等功能，远程协助纳税人完成业务办理。此外，依托征纳互动提供的跨区域协同服务能力，可以实现税费业务的跨区域通办。

征纳互动服务实现了税务部门对纳税人"单向管理服务"为主向"征纳双向互动交流"为主转变，线上服务由"办问分设"向"办问协同"转变，从"解答问题"向"解决问题"转变。它既能满足纳税人线上辅导服务的需要，提高纳税人满意度和获得感，也是推动办税服务厅和12366服务模式转型升级的重要抓手，在税费服务新体系建设中将发挥重要作用。

本章思考题

2022年12月，某省对2022年度各渠道接收的有效差评进行了梳理，筛选出一些典型案例，具体内容如下：

（1）电子税务局卡顿，办理业务时系统弹窗显示错误，但是提示不明确，不知道具体怎么改正。

（2）电子税务局提交业务申请，审批不同意但没有告知理由。

（3）问需要什么资料一次又不说清楚，多问几次好不耐烦；办业务不熟悉，半途就走了，服务态度差。

（4）通过自助终端领用专用发票时，自助终端的屏幕不灵敏，点击鼠标时，有时没有反应，有时会移动到其他地方，系统卡顿，耗时较长。

（5）来电人表示拨打咨询电话，问题还没问完话务员就挂机了。

请分析问题原因，并提出整改措施。

第四章 纳税人权益保护

【学习目标】了解纳税人权利与义务的相关规定，掌握纳税人需求管理、纳税人满意度调查、纳税人涉税信息查询、纳税服务投诉处理相关规定，以及税务部门畅通纳税人需求响应渠道、及时响应纳税人诉求、切实维护纳税人合法权益的做法。

第一节 纳税人权利与义务

纳税人的权利与义务是指国家通过法律法规赋予纳税人应有的权利与要求纳税人应尽的义务。为便于纳税人全面了解纳税过程中所享有的权利和应尽的义务，帮助纳税人及时、准确地完成纳税事宜、办理涉税事项，促进纳税人与税务机关在税收征纳过程中的合作，根据《中华人民共和国税收征收管理法》及其实施细则和相关税收法律、行政法规的规定，国家税务总局于2009年11月发布了《关于纳税人权利与义务的公告》，内容主要涵盖14项权利和10项义务。本章所称纳税人为负有纳税人义务的纳税人和负有扣缴义务的扣缴义务人。

一、纳税人的权利

根据《中华人民共和国税收征收管理法》及其实施细则和相关税收法律、行政法规的规定，纳税人在履行纳税义务过程中，依法享有下列权利。

（一）知情权

知情权是《中华人民共和国税收征收管理法》赋予纳税人的一项重要权利，主要包含以下四项内容。

1. 税收政策知情权。

纳税人有权获知现行税收法律、行政法规和其他税收政策规定。纳税人对税收政策的全面了解，是纳税人依法纳税的前提，是构建和谐征纳关系的基础。为保障纳税人的税收政策知情权，税务机关要履行好宣传、告知、接受咨询等义务。

2. 涉税程序知情权。

纳税人有权获知各种税收事项的办理时间、方式、步骤以及需要提交的资料。一方面让纳税人知晓应如何办理涉税手续，比如办理税务登记、纳税申报、发票领用等，便于纳税人正确履行纳税人的纳税义务；另一方面让纳税人了解税务机关实施税务检查、税务行政处罚等税务事项时的法定程序，有效保障纳税人的合法权益。

3. 应纳税额核定及其他税务行政处理决定知情权。

应纳税额核定是指税务机关依法对特定纳税人按规定程序和计算方法作出纳税多少的决定，比如个体工商户的定额核定。在接受应纳税额核定前，纳税人有权获知税额核定的法律依据、事实依据以及核定方法等。

根据《中华人民共和国行政处罚法》（以下简称《行政处罚法》），如果纳税人是当事人，税务机关在对纳税人作出税务行政处罚决定前，应当告知纳税人作出行政处罚决定的事实、理由及依据，并告知纳税人依法享有的权利，比如陈述、申辩权。如果税务机关在作出税务行政处罚决定之前，不依照规定向纳税人告知给予行政处罚的事实、理由和依据，行政处罚决定不能成立。在作出较大数额罚款的行政处罚决定之前，税务机关还应当告知纳税人有要求举行听证的权利，纳税人要求听证的，税务机关应当组织听证。

4. 法律救济途径知情权。

纳税人有获知如何申请税务行政复议、提起行政诉讼、请求国家赔偿的权利。具体规定详见纳税人享有的税收法律救济权。

（二）保密权

保密权所称应该保密的信息，是指税务机关在税收征收管理工作中依法制作或者采集的，以一定形式记录、保存的涉及纳税人的商业秘密和个人隐私的信息。但需要指出的是，纳税人的税收违法行为信息不属于保密范围。保密权的内容主要有两项。

1. 商业秘密。商业秘密是指不为公众所知悉、能为权利人带来经济利益、具有实用性并经权利人采取保密措施的技术信息和经营信息。

2. 个人隐私。包括纳税人的储蓄账户账号、存款、个人财产、收入状况、婚姻状况等。

对于纳税人的商业秘密和个人隐私,除下列情形外,税务机关不会向外部门、社会公众或个人提供:①按照法律、法规的规定应予公布的信息;②根据法律规定第三方有权查询的信息;③纳税人查询自身的信息;④经纳税人同意公开的信息。

另外,纳税人对任何违反税收法律、行政法规行为的检举,税务机关也会为纳税人保密。

(三) 税收监督权

控告和检举税务机关的税收违法违纪行为是纳税人的重要权利。税收监督权的内容主要包括五个方面。

1. 税务机关是否存在违反税收法律、行政法规、规章和税收规范性文件的行为;

2. 税务机关的工作人员是否存在索贿受贿、徇私舞弊、玩忽职守、不征或者少征应征税款,是否有滥用职权多征税款或者故意刁难纳税人的违法违纪行为;

3. 税务机关对纳税人行使检举、控告权是否有故意刁难或进行打击报复的行为;

4. 税务机关的纳税服务过程;

5. 其他纳税人是否存在违反税收法律、行政法规、规章和税收规范性文件的行为。

【案例4-1】某县税务局税收管理员李某,管辖A商贸公司,利用职务上的便利,要求该公司将自己宴请他人的费用3000元予以报销,该公司对李某的行为十分气愤,遂向该县税务局书面进行检举。县税务局纪检监察部门在查清事实的基础上,责成李某退还了报销款并对其进行了相应行政处理,维护了纳税人的合法权益。

【案例4-2】设在某市经济技术开发区的A公司,按票面金额的1.2%收取开票费,为B公司虚开货物运输业专用发票。A公司职工张某,从维护国家利益出发,行使法律赋予的举报权,将这种偷逃国家税款的行为,向市税务局书面举报。后经税务机关查实,A公司共为B公司虚开货物运输业专用发票近2亿元,已被B公司申报抵扣货物运输进项税额近1400万元,给国家造成巨大经济损失。税务机关按有关法律、法规的规定对A、B公司分别予以处罚,并移送司法机关处理。市税务局按照有关规定对举报人张某进行了奖励。

（四）纳税申报方式选择权

纳税申报方式选择权，是指纳税人有权选择某种方式办理纳税申报。纳税申报方式，是指纳税人在发生纳税义务或代扣代缴、代收代缴义务后，在申报期限内，依照税收法律、行政法规的规定向主管税务机关进行申报纳税的形式。主要有以下几种。

1. 上门申报。是指纳税人按期自行到主管税务机关办税服务厅办理纳税申报手续的申报方式，申报日期以税务机关签署的日期为准。

2. 邮寄申报。是指纳税人将纳税申报表及有关资料装入专用邮寄信封，按期寄送主管税务机关的申报方式。邮寄申报以寄出的邮戳日期为实际申报日期。

3. 数据电文申报。是指纳税人通过税务机关确定的电话语音、电子数据交换和网络传输等电子方式进行纳税申报。数据电文申报以税务机关收到申报数据的时间为实际申报日期。

4. 其他申报方式。其他申报方式包括简易申报和简并征期两种。简易申报，是指实行定期定额缴纳税款的纳税人，在法律、行政法规规定的期限或者在税务机关依照法律、行政法规的规定确定的期限内缴纳税款的，税务机关可以视同已经完成申报。简并征期，是指经税务机关批准，可以采取将纳税期限合并为按季、半年、年的方式缴纳税款，具体期限由省级税务机关根据具体情况确定。

（五）申请延期申报权

如果纳税人确因特殊困难不能按期办理纳税申报或者报送代扣代缴、代收代缴税款报告表，可在规定的期限内向税务机关提出书面延期申请，经税务机关核准，可在核准后的期限内再行办理纳税申报。它是在纳税人发生特殊困难时适用的，有利于保护纳税人的正常生产经营活动和合法权益。

需要注意的是，经税务机关核准延期办理申报、报送事项的，应当在纳税期内按照上期实际缴纳的税额或者税务机关核定的税额预缴税款，并在核准的期限内办理税款结算。

自2019年12月1日起，税务机关办理对纳税人延期申报的核准，不再要求申请人单独提供确有困难不能正常申报的情况说明，改为申请人在《税务行政许可申请表》中填写申请理由。

自2022年11月1日起，"对纳税人延期申报的核准"等5个事项不再作为行政许可事项管理。将受理环节由5个工作日压缩至2个工作日。税务机关接收申请材料，当场或者在2个工作日内进行核对。材料齐全、符合法定形式的，自收到申请材料之日起即为受理。材料不齐全、不符合法定形式的，一次性告知需要补正的全部内容。同时《税务行政许可申请表》取消，修改为《延期申报申请表》。

税务机关收到纳税人、扣缴义务人延期申报申请后，对其反映的困难或者不可抗力情况进行核实，情况属实且符合法定条件的，通知纳税人、扣缴义务人延期申报。

(六) 申请延期缴纳税款权

延期缴纳税款权，是指纳税人因特殊困难，不能按照法律、行政法规规定的期限缴纳税款时，依法享有申请延期缴纳税款的权利。经税务机关批准延期缴纳税款的，在批准的期限内，不加收滞纳金。特殊困难是指因不可抗力，导致纳税人发生较大损失，正常生产经营活动受到较大影响的。当期货币资金在扣除应付职工工资、社会保险费后，不足以缴纳税款的。

自2019年12月1日起，税务机关办理对纳税人延期缴纳税款的核准，不再要求申请人单独提供申请延期缴纳税款报告、当期货币资金余额材料、应付职工工资和社会保险费等税务机关要求提供的支出预算材料，改为申请人在《税务行政许可申请表》中填写相关信息及申请理由；不再要求申请人提供连续3个月缴纳税款情况和资产负债表，由税务机关在信息系统中主动核查。

税务机关应当自收到申请延期缴纳税款报告之日起20日内作出批准或者不予批准的决定；不予批准的，从缴纳税款期限届满之日起加收滞纳金。

自2022年11月1日起，"对纳税人延期缴纳税款的核准"等5个事项不再作为行政许可事项管理。将受理环节由5个工作日压缩至2个工作日。税务机关接收申请材料，当场或者在2个工作日内进行核对。材料齐全、符合法定形式的，自收到申请材料之日起即为受理。材料不齐全、不符合法定形式的，一次性告知需要补正的全部内容。受理机关由省税务机关调整为主管税务机关，取消代办转报环节。同时《税务行政许可申请表》取消，修改为《延期缴纳税款申请表》。

税务机关收到纳税人延期缴纳税款申请后，对其提供的生产经营和货币资金情况进行核实，情况属实且符合法定条件的，通知纳税人延期缴纳税款。对该事项不再实行重大执法决定法制审核。

(七) 申请退还多缴税款权

纳税人有依法纳税的义务，但既不能少缴税款，也不应多缴。申请退还多缴税款权，是指纳税人对自身多缴的，超过法律规定应缴税款的部分有依法要求税务机关退还的权利。

如果税务机关发现纳税人多缴税款的，应当自发现之日起 10 日内办理退还手续；如果纳税人发现多缴税款，要求退还的，税务机关应当自接到纳税人退还申请之日起 30 日内查实并办理退还手续。具体程序：纳税人应持税务登记证件（按照规定不需要发给税务登记证件的除外），向主管税务机关提出退税申请，并按税务机关的要求填写退税申请文书和提供相关资料。税务机关受理和审批完成后，将纳税人多缴的税款按规定程序在规定时间内退还。

(八) 依法享受税收优惠权

税收优惠，是指国家运用税收政策对特定行业、特定区域、特定类型的纳税人或者特定课税对象给予减轻或免除税收负担的一种优待。我国目前的税收优惠政策主要是减税免税政策。此外，纳税人还可以依照税收协定的规定申请减税、免税或不征税的待遇。

减税是从应征税款中减征部分税款。免税是免征全部税款。税收协定是两国政府对纳税人的跨国所得进行税收管辖权划分的法律依据，对于不同类型的所得分别有不同的规定，主要包括在所得来源国减税、免税和不予征税等待遇。

纳税人可以依照法律、行政法规的规定申请减税、免税。减免税分为核准类减免税和备案类减免税。核准类减免税是指法律、法规规定应由税务机关核准的减免税项目；备案类减免税是指不需要税务机关核准的减免税项目。

纳税人如果符合减免税条件，应当按照下列程序办理。

1. 申报享受税收减免。

符合申报享受税收减免条件的纳税人，在首次申报享受时随申报表报送附列资料，或直接在申报表中填列减免税信息无需报送资料。

2. 税收减免备案。

符合备案类税收减免的纳税人，如需享受相应税收减免，在首次享受减免税的申报阶段或在申报征期后的其他规定期限内提交相关资料，向主管税务机关申请办理税收减免备案。

纳税人在符合减免税条件期间，备案材料一次性报备，在政策存续期可一直享受，当减免税情形发生变化时，应当及时向税务机关报告。

3. 税收减免核准。

纳税人符合减免税条件，应当按下列程序办理：

(1) 申请。符合核准类税收减免的纳税人，应当提交核准材料，提出申请，经依法具有批准权限的税务机关按规定核准确认后方可享受。未按规定申请或虽申请但未经有批准权限的税务机关核准确认的，纳税人不得享受。所需资料根据不同业务有所区分，但均包含《纳税人减免税申请核准表》和减免税申请报告。

(2) 受理。办税服务厅或电子税务局接收资料信息，核对资料信息是否齐全、是否符合法定形式、填写内容是否完整，符合的即时受理；对资料不齐全、不符合法定形式或填写内容不完整的，一次性告知应补正资料或不予受理原因。

(3) 办理。办税服务厅工作人员按照纳税人报送材料录入数据，根据信息系统的提示信息，提醒纳税人更正纠错；办理完成后，1个工作日内将资料信息流转至相关责任部门。

(4) 反馈。办税服务厅收到核准结果的反馈后，1个工作日内通知纳税人领取《税务事项通知书》。

(5) 办理时限。税收减免核准的办理时限由省（自治区、直辖市和计划单列市）税务局确定。

(九) 委托税务代理权

委托税务代理权，是指纳税人根据自身经营管理的需要自愿委托，或者根据相关税收法律、行政法规和规章的要求自行委托具有合法资格的机构或个人在代理权限内，以纳税人的名义依法向税务机关办理相关税务事宜的权利。

纳税人根据需要可以委托税务代理人按照代理权限和代理期限代为办理相关税务事宜，税务代理分为全面代理、单项代理或临时代理、常年代理，纳税人可以根据自身情况选择不同的代理方式。

纳税人选择税务代理应与税务代理人签订委托代理协议书。委托代理协议书应当载明代理人和被代理人名称、代理事项、代理权限、代理期限以及其他应明确的内容，并由代理人及其所在的代理机构和被代理人签名盖章。

纳税人的税务代理关系可以因代理期限届满而终止，也可因法定情形出现,单方面终止。不论是纳税人单方终止还是税务代理人单方终止,终止方均应及时通知另一方,并向税务机关报告,同时公布终止决定。

需要注意的是,税务代理人违反税收法律、行政法规,造成纳税人未缴或者少缴税款的,除由纳税人缴纳或者补缴应纳税款、滞纳金外,税务机关将对税务代理人处以纳税人未缴或者少缴税款50%以上3倍以下的罚款。

(十) 陈述与申辩权

陈述权,是指纳税人对税务机关作出的决定享有陈述自己意见的权利;申辩权,是指纳税人对税务机关作出的决定所主张的事实、理由和依据享有申诉和解释说明的权利。

税务机关作出的税务行政处罚,分为简易程序和一般程序。

1. 简易程序的陈述与申辩权。

简易程序的税务行政处罚是指违法事实确凿并有法定依据,对公民处以200元以下、对法人或者其他组织处以3000元以下罚款或者警告的行政处罚,税务机关可以当场作出行政处罚决定。

如果税务机关对纳税人实施简易程序的税务行政处罚,在作出行政处罚决定之前,应当当场告知纳税人作出行政处罚决定的事实、理由及依据,并告知纳税人依法享有的权利。纳税人对税务机关提出的事实、理由及依据可以当场提出质疑,阐明纳税人的意见。税务机关将听取纳税人的陈述、申辩,并进行复核。纳税人提出的事实、理由及证据成立的,应当采纳。税务机关不能因纳税人的陈述或申辩而加重处罚。

2. 一般程序的陈述与申辩权。

一般程序的税务行政处罚是指除简易程序以外的税务行政处罚。

如果税务机关对纳税人实施一般程序的税务行政处罚,在作出行政处罚决定之前,应当告知纳税人作出行政处罚决定的事实、理由及依据,并告知纳税人享有陈述、申辩的权利。如果税务行政处罚的罚款数额达到一定金额(对公民罚款2000元以上、对法人或其他组织罚款10000元以上),纳税人有权要求举行听证(详见《国家税务总局关于纳税人权利与义务的公告》第十三项依法要求听证的权利)。

纳税人要求陈述、申辩的,应在税务机关作出税务行政处罚决定之前向税务机关陈述、申辩,进行陈述、申辩可以采取口头形式或书面形式。采取口头形式进行陈述、申辩的,税务机关应当记录。纳税人对陈述、申辩笔录审核无误后应签字或者盖章。

税务机关将对纳税人提出的事实、理由和证据进行复核；纳税人提出的事实、理由或者证据成立的，应当采纳。

在听取纳税人的陈述、申辩并复核后，或纳税人表示放弃陈述、申辩权后，税务机关才可以作出税务行政处罚决定，并送达纳税人签收。

（十一）对未出示税务检查证和税务检查通知书的拒绝检查权

税务人员必须依法行使税务检查权，不得擅自对纳税人实施检查。为表明税务机关和税务人员的身份，对纳税人进行检查时税务人员应当出示税务检查证和税务检查通知书，这是税务检查的法定程序。

税务检查人员必须按税务检查证或税务检查通知书载明的检查范围和期限，行使税务检查权。如税务人员未出示税务检查证和税务检查通知书，纳税人有权拒绝税务机关的检查，可以拒绝提供账簿、凭证等涉税资料，并可以向税务机关进行检举。

税务检查证是税务检查人员进行税务检查的法定专用公务凭证，主要内容包括持证人姓名、照片、工作单位、检查范围、检查职责、发证机关、证号、税务检查证专用章、有效期限和发证时间。

税务检查通知书是实施检查的税务机关开具给被查纳税人的告知书，载明了检查时间、检查人员的姓名、证号、检查所属期间、实施检查的税务机关名称及文书号等，并盖有签发税务机关的公章。

税务人员将纳税人以前会计年度的账簿、记账凭证、报表和其他有关资料调回税务机关进行检查时，如果未经县级以上税务局（分局）局长批准，纳税人有权拒绝。税务机关调回纳税人当年的账簿、记账凭证、报表和其他有关资料进行检查，如果未经设区的市、自治州以上税务局局长批准，纳税人也有权拒绝。

（十二）税收法律救济权

税收法律救济权分为申请行政复议权、提起行政诉讼权和请求国家赔偿权。此外，纳税人如果是我国居民，可以按照我国对外签署的避免双重征税协定（安排）的有关规定就税收歧视、国际双重征税等问题向税务机关提出启动国际相互协商程序的申请。

1. 申请行政复议权。

申请行政复议权，是指纳税人对税务机关作出的具体行政行为不服，依法要求复议机关进行复议，保护自身利益的权利。

具体行政行为包括征税行为、行政许可、行政审批行为、发票管理行为、税收保全措施、强制执行措施、行政处罚行为、资格认定行为、不依法确认纳税担保行为、政府信息公开工作中的具体行政行为、纳税信用等级评定行为、通知出入境管理机关阻止出境行为、不依法履行法定职责的行为等。

纳税人认为税务机关的具体行政行为所依据的规定不合法，在对具体行政行为申请行政复议时，可一并向税务行政复议机关提出对该规定的审查申请。这里的规定是指：

（1）国家税务总局和国务院其他部门的规定；

（2）其他各级税务机关的规定；

（3）地方各级人民政府的规定；

（4）地方人民政府工作部门的规定。需要注意的是，这里的规定中不包含规章。

如果纳税人对税务机关的征税行为不服，必须依照税务机关根据法律、法规确定的税额、期限，先行缴纳或者解缴税款和滞纳金，或者提供相应的担保，才可以在缴清税款和滞纳金以后或者所提供的担保得到作出具体行政行为的税务机关确认之日起60日内提出行政复议申请。对行政复议决定不服的，可以向人民法院提起行政诉讼。

如果纳税人对征税行为以外的其他具体行政行为不服，可以申请行政复议，也可以直接向人民法院提起行政诉讼。但是，纳税人对税务机关作出逾期不缴纳罚款加处罚款的决定不服的，应当先缴纳罚款和加处罚款，再申请行政复议或者提起行政诉讼。

需要注意的是，对重大、复杂的案件，如果纳税人提出要求或者税务机关认为必要，可以采取听证的方式审理。

税务行政复议的范围和程序，详见《行政复议法》和国家税务总局颁布的《税务行政复议规则》。

【案例4-3】2020年8月，某市税务局稽查局对A公司纳税情况进行检查，发现A公司2019年有一笔20万元的房屋出租收入未申报缴纳房产税，9月16日稽查局按规定对A公司作出了税务处理决定，责令其补缴房产税2.4万元，并加收滞纳金，处以一倍罚款。A公司按规定缴清了税款、滞纳金、罚款之后，于2020年10月6日在规定的时效内向市税务局申请行政复议。A公司认为：该公司此前已错按出租房产的原值申报缴纳了一部分房产税，稽查局在计算少缴税额时应将已缴纳的部分扣除，请求税务机关变更稽查局的处理决定。该市税务局收到A公司税务行政复议申请后，根据有关法律、法规的规定决定予以受理。

市税务局经复议后认为：根据《中华人民共和国房产税暂行条例》的规定，公司出租房产的，应按出租收入征收税款。稽查局在认定少缴税额时，应将A公司已按房产原值计算缴纳的房产税予以扣除。因此，市税务局根据A公司的复议申请，依法作出了相应的税务行政复议决定。

2. 提起行政诉讼权。

提起行政诉讼权是指纳税人认为税务机关的具体税务行政行为违法或者不当，侵犯了纳税人的合法权益，依法向人民法院提起行政诉讼，由人民法院对税务具体行政行为的合法性进行审理并作出判决。

根据《行政诉讼法》有关规定，税务行政诉讼程序由起诉、受理、审理、判决四部分构成。

纳税人如果符合行政诉讼的条件，可以依照《行政诉讼法》的规定，向人民法院提起税务行政诉讼。需要注意的是，纳税人对税务机关的征税行为不服的必须先提出行政复议申请，对行政复议决定不服的，可以在收到复议决定书之日起15日内向人民法院提起行政诉讼。复议机关逾期不作决定的，纳税人可以在复议期满之日起15日内向人民法院提起行政诉讼。纳税人对税务机关征税行为以外的其他具体行政行为不服，可以申请行政复议，也可以在知道或者应当知道作出具体行政行为之日起6个月内直接向人民法院提起行政诉讼。因不可抗力或其他特殊情况耽误法定期限的，在障碍消除后10日内，可以申请延长期限，由人民法院决定。

【案例4-4】某市税务局稽查局2020年8月对A房地产公司当年1—6月的纳税情况依法实施了检查，发现A房地产公司随商品房销售收取的价外费用未纳税申报。税务机关根据《中华人民共和国税收征收管理法》的相关规定，认定其属于采取虚假申报手段进行偷税，于8月10日对该房地产开发公司作出了追缴税款和加收滞纳金，并处偷税数额2倍罚款的处理决定。

A房地产公司缴纳了税款和滞纳金后，认为罚款过重，对罚款的处理决定不服，直接向市人民法院提起行政诉讼。法院根据《行政诉讼法》的规定予以受理。

3. 请求国家赔偿权。

国家赔偿是指国家行政机关、审判机关、检察机关、监狱管理机关及其工作人员违法行使职权侵犯公民、法人和其他组织的合法权益造成损害时，国家负责向受害人赔偿的制度。当税务机关在行使职权时，有侵犯纳税人合法权益的情形，造成损害的，纳税人有请求国家赔偿的权利。

如果在税务机关行使职权时侵犯纳税人的人身权或财产权，纳税人可以请求国家赔偿。纳税人请求国家赔偿，应当先向赔偿义务机关提出，也可以在申请行政复议或者提起行政诉讼时一并提出。具体详见《中华人民共和国国家赔偿法》。

需要注意的是，下列情形税务机关不承担赔偿责任。

（1）税务机关工作人员行使与职权无关的个人行为。

（2）因纳税人和其他税务当事人自己的行为致使损害发生的。

（3）法律规定的其他情形。一般是指损害已通过其他方式得到补偿，如获得保险公司赔偿等。

（十三）依法要求听证的权利

依法要求听证权，是指纳税人对税务机关作出的罚款数额达到一定金额（公民罚款 2000 元以上、对法人或其他组织罚款 10000 元以上）的税务行政处罚，依法享有要求税务机关举行听证的权利。听证主要是通过纳税人的质证、申辩与陈述来核实税务机关拟作出的行政处罚决定主体是否明确，违法事实是否清楚，证据是否真实充分，程序是否合法有效，法律依据是否引用准确。

纳税人如果要求听证，应在税务机关送达《税务行政处罚事项告知书》后 5 日内，向税务机关书面提出申请。如果纳税人逾期不提出的，将视为放弃听证权利。

对应当进行听证的案件，税务机关不组织听证，行政处罚决定不能成立，当事人放弃听证权利或者被正当取消听证权利的除外。

税务行政处罚听证范围、程序详见国家税务总局颁布的《税务行政处罚听证程序实施办法（试行）》。

（十四）索取有关税收凭证的权利

纳税人在缴纳税款后有权向税务机关索取完税凭证；在税务机关扣押、查封纳税人的货物时，纳税人有权向税务机关索取扣押收据或查封清单等税收凭证。

完税凭证是指税务机关征收税款、扣缴义务人代扣或代收税款时,向纳税人开具的、证明纳税人履行纳税义务的书面凭证。扣押收据和查封清单是税务机关在行使扣押权和查封权时,向当事人开具的证明所扣押、查封的商品、货物或其他财产的两种凭证。

税收完税凭证的种类包括:税收通用缴款书、出口货物税收专用缴款书、税收汇总专用缴款书、税收通用完税证、税收定额完税证、税收转账专用完税证、代扣代收税款凭证、税收罚款收据、税收收入退还书、印花税票。

如果纳税人是直接缴纳税款,纳税人有权要求税务机关向纳税人提供完税凭证;如果纳税人是属于代扣代缴税款的纳税人,纳税人有权要求扣缴义务人提供完税凭证。完税凭证可以通过税务机关、银行、委托代征单位、邮寄或自助打印等渠道取得。税收完税凭证的种类及其使用范围详见《税收票证管理办法》。

如果纳税人被税务机关扣押或查封商品、货物或者其他财产时,有权向税务机关索取扣押收据或查封清单。

二、纳税人的义务

根据《中华人民共和国税收征收管理法》及其实施细则和相关税收法律、行政法规的规定,当有涉税行为发生时,纳税人应当承担如下义务。

(一)依法进行税务登记的义务

税务登记是指税务机关依法对纳税人的生产经营等情况进行书面登记,并据此对纳税人实施税务管理的一种法定制度,也是纳税人必须依法履行的义务。税务登记证是纳税人在税务机关登记注册的身份证明。

2014年12月开始,已实行"多证合一、一照一码"登记模式的纳税人,在领取了加载统一社会信用代码的营业执照视同完成了税务登记手续。纳税人在首次办理涉税事宜,完成"一照一码户信息确认"后,营业执照可代替税务登记证使用。

不适用"一照一码""两证整合"的纳税人,满足以下情形的纳税人应办理纳税人(扣缴义务人)身份信息报告,并领取税务登记证件。

1. 未取得统一社会信用代码但经有关部门批准设立的。
2. 因经营地址变更等原因,注销后恢复开业的。

3. 有独立的生产经营权、在财务上独立核算并定期向发包人或者出租人上交承包费或租金的承包承租人。

4. 在中华人民共和国境内承包建筑、安装、装配、勘探工程和提供劳务的境外企业。

5. 从事生产、经营的纳税人，应经有关部门批准设立但未经有关部门批准的。

6. 非境内注册居民企业收到居民身份认定书的。

7. 根据税收法律、行政法规的规定负有扣缴税款义务的扣缴义务人，应当办理扣缴税款登记的。

根据《中华人民共和国税收征收管理法》及其实施细则、《税务登记管理办法》、《出口货物退（免）税管理办法（试行）》等有关规定，纳税人如果存在下列行为，将分别承担相应法律责任。

1. 纳税人如果未按照规定的期限申报办理税务登记、变更或者注销登记，或者未按照规定办理税务登记证件验证或者换证手续，或者通过提供虚假的证明资料等手段骗取税务登记证，或者出口商品未按规定办理出口货物退（免）税认定、变更或注销认定手续，或者停业期满不向税务机关申报办理复业登记而复业，税务机关将责令纳税人限期改正，可以处2000元以下的罚款；情节严重的，处2000元以上10000元以下的罚款。

2. 纳税人如果不办理税务登记，税务机关将责令纳税人限期改正，逾期不改正的，经税务机关提请，由工商行政管理机关吊销纳税人的营业执照。

3. 纳税人如果未按照规定使用税务登记证件，或者转借、涂改、损毁、买卖、伪造税务登记证件，税务机关将对纳税人处2000元以上10000元以下的罚款；情节严重的，处10000元以上50000元以下的罚款。

4. 纳税人如果未按照规定办理扣缴税款登记，税务机关将责令限期改正，并可处以2000元以下的罚款。

（二）依法设置账簿、保管账簿和有关资料以及依法开具、使用、取得和保管发票的义务

1. 依法设置账簿、保管账簿和有关资料的义务。

纳税人应当按照有关法律、行政法规和国务院财政、税务主管部门的规定设置账簿，根据合法、有效凭证记账，进行核算，并按照规定的保管期限保管账簿、记账凭证、完税凭证及其他有关资料，不得伪造、变造或者擅自损毁。

账簿是纳税人、扣缴义务人连续地记录其各种经济业务的账册或簿籍。它

包括总账、明细账、日记账以及其他辅助性账簿，其中总账、日记账必须采用订本式。

凭证是纳税人用来记录经济业务，明确经济责任，并据以登记账簿的书面证明。凭证分为原始凭证和记账凭证。原始凭证是经济业务发生时所取得或填制的凭证。记账凭证是由会计人员根据审核无误的原始凭证，按照其内容应用会计科目和复式记账方法，加以归类整理，并据以确定会计分录和登记账簿的凭证。

从事生产、经营的纳税人应当自领取营业执照或者发生纳税义务之日起15日内，按照国家有关规定设置账簿；扣缴义务人应当自税收法律、行政法规规定的扣缴义务发生之日起10日内，按照所代扣、代收的税种，分别设置代扣代缴、代收代缴税款账簿。

纳税人的账簿、记账凭证、报表、完税凭证、发票、出口凭证以及其他有关涉税资料应当保存10年；法律、行政法规另有规定的除外。

纳税人如果生产、经营规模小又确无建账能力，可以聘请经批准从事会计代理记账业务的专业机构或者经税务机关认可的财会人员代为建账和办理账务；聘请上述机构或者人员有实际困难的，经县以上税务机关批准，可以按照税务机关的规定，建立收支凭证粘贴簿、进货销货登记簿。

纳税人的账簿、会计凭证和报表，应当使用中文。民族自治地方可以同时使用当地通用的一种民族文字。外商投资企业和外国企业可以同时使用一种外国文字。

纳税人如果会计制度健全，能够通过计算机正确、完整计算纳税人的收入和所得或者代扣代缴、代收代缴税款情况的，纳税人的计算机输出的完整的书面会计记录，可视同会计账簿。会计制度不健全，不能通过计算机正确、完整计算收入和所得或者代扣代缴、代收代缴税款情况的，应当建立总账及与纳税或者代扣代缴、代收代缴税款有关的其他账簿。

账簿、记账凭证、完税凭证及其他有关资料应当合法、真实、完整。不得伪造、变造或者擅自损毁。

纳税人如果有下列情形之一，税务机关有权核定应纳税额。

（1）依照法律、行政法规的规定可以不设置账簿的；

（2）依照法律、行政法规的规定应当设置账簿但未设置的；

（3）擅自销毁账簿或者拒不提供纳税资料的；

(4) 虽设置账簿，但账目混乱或者成本资料、收入凭证、费用凭证残缺不全，难以查账的。

2. 如果未履行依法设置账簿、保管账簿和有关资料义务，纳税人可能承担的法律责任。

(1) 纳税人如果未按照规定设置、保管账簿或者保管记账凭证和有关资料，税务机关将责令纳税人限期改正，可以处2000元以下的罚款；情节严重的，处2000元以上10000元以下的罚款。

(2) 纳税人未按照规定设置、保管代扣代缴、代收代缴税款账簿或者保管代扣代缴、代收代缴税款记账凭证及有关资料，税务机关将责令纳税人限期改正，可以处2000元以下的罚款；情节严重的，处2000元以上5000元以下的罚款。

(3) 纳税人如果伪造、变造、隐匿、擅自销毁账簿、记账凭证，不缴或者少缴应纳税款，税务机关将追缴纳税人不缴或者少缴的税款、滞纳金，并处不缴或者少缴的税款50%以上5倍以下的罚款；构成犯罪的，由司法机关依法追究刑事责任。

3. 依法使用、取得和保管发票义务。

发票是指在购销商品、提供或者接受服务以及从事其他经营活动中，开具、收取的收付款凭证。对于各类发票的印制、领用、开具、取得、保管和缴销，纳税人均应依法进行。

(1) 发票领用。

发票领用是指纳税人向税务机关领取发票的行为。

纳税人需要领用发票，应当持设立登记证件或者税务登记证件，以及经办人身份证明，向主管税务机关办理发票领用手续。领用纸质发票的，还应当提供按照国务院税务主管部门规定式样制作的发票专用章的印模。

纳税人领用发票时，应当按照税务机关的规定报告发票使用情况，税务机关应当按照规定进行查验。

纳税人需要临时使用发票，可以凭购销商品、提供或者接受服务以及从事其他经营活动的书面证明、经办人身份证明，直接向经营地税务机关申请代开发票。

纳税人临时到本省、自治区、直辖市行政区域以外从事经营活动，应当凭所在地税务机关的证明，向经营地税务机关申请领用经营地的发票。

临时在本省、自治区、直辖市以内跨市、县从事经营活动领用发票的办法，由省、自治区、直辖市税务机关规定。

（2）发票开具、取得及使用。

发票开具是指按照经济业务实际发生的情况填制、出具发票。

发票取得是指单位和个人从发生经济往来的对方获得发票，也是发票管理的重要环节。

销售商品、提供服务以及从事其他经营活动的单位和个人，对外发生经营业务收取款项，收款方应向付款方开具发票；特殊情况下由付款方向收款方开具发票。

纳税人在购买商品、接受服务以及从事其他经营活动支付款项时，应当向收款方取得发票。取得发票时，不得要求变更品名和金额。不符合规定的发票，不得作为财务报销凭证，纳税人有权拒收。

纳税人开具发票应当按照规定的时限、顺序、栏目、全部联次一次性如实开具，并加盖单位发票专用章。

纳税人不得转借、转让、代开发票；不得拆本使用发票；不得扩大发票使用范围；禁止倒买倒卖发票、发票监制章和发票防伪专用品。

纳税人不得跨规定的使用区域携带、邮寄、运输空白发票。禁止携带、邮寄或者运输空白发票出入境。

纳税人应当建立发票使用登记制度，配合税务机关进行身份验证，并定期向主管税务机关报告发票使用情况。

纳税人应当在办理变更或者注销税务登记的同时，办理发票的变更、缴销手续。

（3）发票保管、缴销。

发票保管是指领用、开具发票的单位和个人存放和管理发票的活动。发票缴销是指单位和个人向税务机关缴回已使用或未使用的发票，由纳税人的主管税务机关将其销毁。

纳税人应当按照国家有关规定存放和保管发票，不得擅自损毁。已开具的发票存根联，应当保存5年。

(三) 财务会计制度和会计核算软件备案的义务

财务会计制度和会计核算软件备案是指从事生产、经营的纳税人必须将所采用的财务、会计制度，具体的财务、会计处理办法和会计核算软件，按税务机关的规定，及时报送税务机关存储备查。

符合建账条件且按照查账征收方式征收税款的从事生产、经营的纳税人，应当将财务、会计制度或者财务、会计处理办法和会计核算软件，报送纳税人的主管税务机关备案。

纳税人如果使用计算机记账，应当在使用前将会计电算化系统的会计核算软件、使用说明书及有关资料报送纳税人的主管税务机关备案。

纳税人建立的会计电算化系统应当符合国家有关规定，并能正确、完整核算收入或者所得。

纳税人的财务、会计制度或者财务、会计处理办法如与国务院或者国务院财政、税务主管部门有关税收的规定抵触，应依照国务院或者国务院财政、税务主管部门有关税收的规定计算应纳税款、代扣代缴和代收代缴税款。

纳税人如果未按照规定将财务、会计制度或者财务、会计处理办法和会计核算软件报送税务机关备查，税务机关将责令纳税人限期改正，可以处2000元以下的罚款；情节严重的，处2000元以上10000元以下的罚款。

（四）按照规定安装、使用税控装置的义务

纳税人应当按照税务机关的要求安装、使用税控装置，报送有关数据和资料，不得损毁或者擅自改动税控装置。

税控装置是正确反映纳税人收入情况，保证计税依据和有关数据的正确生成、安全传递及可靠储存，并能实现税收控制、管理的器具和支持该器具的管理系统。

纳税人所开具的增值税专用发票，必须纳入防伪税控系统管理，普通发票纳入防伪税控一机多票系统管理。其他符合规定条件的纳税人，也应按照税务机关的统一要求，安装使用税控装置。

纳税人购置税控装置后，应当立即到纳税人的主管税务机关进行注册登记。新开业的用户，应当在办理税务登记的同时购置税控装置，并完成注册登记。纳税人如果在专业市场内，可由市场主办单位集中管理，统一购置使用税控装置。

纳税人在使用税控收款机之前，由主管税务机关使用国家税务总局下发的《税控收款机管理系统》实施税控初始化。在经营过程中，不论以现金还是非现金方式收取款项（开具增值税专用发票的除外），都必须通过税控收款机如实录入经营数据，开具由税务机关统一印制的税控收款机发票。具体流程对照税控收款机管理系统软件操作内容，按照国家税务总局《税控收款机管理系统业务操作规程》的规定办理。

纳税人如果未按规定使用税控收款机，或者不如实录入销售或经营数据，或者发生税控收款机丢失、被盗，或者擅自拆卸、改动和破坏税控收款机，上述行为造成纳税人申报的计税依据明显偏低，又无正当理由的，由主管税务机关核定纳税人的应纳税额。

纳税人如果未按照规定安装、使用税控装置，或者损毁、擅自改动税控装置，税务机关将责令纳税人限期改正，可以对纳税人处2000元以下的罚款；情节严重的，处2000元以上10000元以下的罚款。造成不缴或者少缴税款的，应当补缴税款、滞纳金。

纳税人如果未按照规定开具税控发票，税务机关将按照有关规定处理。

(五) 按时、如实申报的义务

纳税申报是指纳税人按照税法规定期限和内容向税务机关提交有关纳税事项书面报告的法律行为，是纳税人履行纳税义务、承担法律责任的主要依据，是税务机关税收管理信息的主要来源和税务管理的一项重要制度。按时申报是指应在规定的申报期限内进行申报，如实申报是指客观、正确地反映纳税人的计税依据和应纳税额。

无论纳税人当期是否有应纳税额，是否享受减税、免税待遇，纳税人都应当在规定纳税申报期限内办理纳税申报手续；如果纳税人是扣缴义务人，应当按照规定的申报期限，将代扣代缴、代收代缴情况进行申报，并报送代扣代缴、代收代缴税款报告表，以及税务机关要求报送的其他有关资料。

以上所称的纳税申报表，是指税务机关为方便纳税人统一办理申报设计的专用税收表格，可以作为纳税人纳税申报的书面报告。

纳税人可以采取"非接触式"方式，通过电子税务局等渠道进行纳税申报，或者直接到税务机关办税服务厅（室）办理纳税申报或者报送代扣代缴、代收代缴税款报告表；也可以经税务机关批准，采取邮寄申报、数据电文申报（包括电话语音、电子数据交换和网络传输等）办理纳税申报或者报送代扣代缴、代收代缴税款报告表；或者按照主管税务机关要求，采取其他申报方式。纳税申报时，应当按照各税种的管理规定，在规定时限内办理纳税申报手续。

纳税人如果未按照规定的期限办理纳税申报和报送纳税资料，或者未按照规定的期限向税务机关报送代扣代缴、代收代缴税款报告表和有关资料，税务机关将责令纳税人限期改正，可以对纳税人处以 2000 元以下的罚款；情节严重的，可以处以 2000 元以上 10000 元以下的罚款。

纳税人如果不进行纳税申报，不缴或者少缴应纳税款的，税务机关将追缴纳税人不缴或者少缴的税款、滞纳金，并处以不缴或者少缴的税款 50% 以上 5 倍以下的罚款。

（六）按时缴纳税款的义务

按时缴纳税款是指纳税人应当按照税收法律、行政法规的规定，将当期应该缴纳的税款，在规定期限内进行缴纳的行为；以及扣缴义务人应当将纳税人当期应缴纳的税款进行代收或者代扣之后，在规定期限内将税款进行解缴的行为。

为了方便纳税人缴纳税款，税务机关根据实际情况设定了多种的缴款方式，纳税人可以根据自身条件，选择税务机关认可的现金、支票、银行卡或者电子结算等缴款方式。

纳税人如果未按照规定期限缴纳税款，或者未按照规定期限解缴税款，税务机关将责令纳税人限期缴纳，从滞纳税款之日起，按日加收滞纳税款 0.05% 的滞纳金。

纳税人如果是从事生产、经营的纳税人、扣缴义务人，未在规定期限内缴纳或者解缴税款，或者纳税人作为纳税担保人未按照规定的期限缴纳所担保的税款，经税务机关责令限期缴纳，逾期仍未缴纳的，税务机关可以依照《中华人民共和国税收征收管理法》第四十条的规定采取强制执行措施追缴纳税人不缴或者少缴的税款。

此外，无论纳税人是否是从事生产、经营的纳税人、扣缴义务人或者纳税担保人，如纳税人在规定期限内不缴、少缴应纳或者应解缴的税款，经税务机关责令限期缴纳，逾期仍未缴纳的，税务机关均可以处不缴或者少缴的税款 50% 以上 5 倍以下的罚款。

（七）代扣、代收税款的义务

按照法律或行政法规规定负有代收代缴、代扣代缴税款义务的单位和个人为扣缴义务人，其中：单位既可以是各种类型的企业，也可以是行政单位、事业单位等其他组织；个人可以是个体经营者或者其他个人。

代扣税款是指支付纳税人收入的单位和个人，按照税收法律、行政法规规定，从向纳税人所支付的款项中，将纳税人的应纳税款代为扣缴的行为。

代收税款是指与纳税人有经济往来关系的单位和个人，借助经济往来关系向纳税人代收其应纳税款的行为。

作为扣缴义务人，纳税人履行了代扣代缴、代收代缴税款义务后，税务机关将按照规定向纳税人支付代扣代缴、代收代缴税款的手续费。

作为扣缴义务人，纳税人可能会负有以下几个常见税种的代扣代缴、代收代缴义务，并应按照规定的期限向税务机关报送代扣代缴、代收代缴税款报告表和有关资料。

1. 增值税。

中华人民共和国境外的单位或者个人在境内提供应税劳务，在境内未设有经营机构的，以其境内代理人为扣缴义务人；在境内没有代理人的，以购买方为扣缴义务人。

纳税人扣缴义务发生的时间为纳税人纳税义务发生的当天，并应当在纳税期限内足额向纳税人的主管税务机关申报解缴已扣缴的税款。

2. 消费税。

委托加工的应税消费品，受托方为扣缴义务人（受托方为个人的除外），由受托方在向委托方交货时代收代缴税款。纳税人扣缴义务发生的时间为委托方提货的当天，并应当在纳税期限内足额向纳税人的主管税务机关申报解缴已扣缴的税款。

3. 企业所得税。

非居民企业在中国境内未设立机构、场所的，或虽设立机构、场所但取得的所得与其所设机构、场所没有实际联系的所得应缴纳的所得税，实行源泉扣缴，以支付人为扣缴义务人；对非居民企业在中国境内取得工程作业和劳务所得应缴纳的所得税，税务机关可以指定工程价款或者劳务费的支付人为扣缴义务人。

纳税人应在每次支付或者到期应支付时，从支付或者到期应支付的款项中扣缴税款；纳税人每次代扣的税款，应自代扣之日起 7 日内足额向纳税人的主管税务机关申报缴纳。

4. 个人所得税。

凡支付个人应纳税所得的单位和个人，为个人所得税的扣缴义务人。

扣缴义务人应当在代扣税款的次月 15 日内，向主管税务机关报送其支付所得的所有个人的有关信息、支付所得数额、扣除事项和数额、扣缴税款的具体数额和总额以及其他相关涉税信息资料。

5. 资源税。

收购未税矿产品的单位为资源税的扣缴义务人，所指的单位是指独立矿山、联合企业及其他收购未税矿产品的单位。

纳税人履行代扣代缴税款的义务发生时间为支付货款的当天，并应当在纳税期限内足额向纳税人的主管税务机关申报缴纳已扣缴的税款。

6. 城市维护建设税及教育费附加、地方教育附加。

城市维护建设税及教育费附加、地方教育附加以纳税人实际缴纳的增值税、消费税的税额为计税依据，分别与增值税、消费税同时缴纳，以上税种的扣缴义务人同时也是城市维护建设税及教育费附加、地方教育附加的扣缴义务人，与其履行义务的主要内容一致。

7. 车船税。

从事机动车交通事故责任强制保险业务的保险机构为机动车车船税的扣缴义务人。

扣缴义务人在纳税人购买机动车交通事故责任强制保险的同时扣缴车船税，并应当及时解缴代收代缴的税款，具体期限参照各省、自治区、直辖市地方税务机关的规定执行。

除以上列举税种外，其他税种的代扣、代收义务的要求，纳税人可查阅相关法律、法规、规章的规定，或者向纳税人的主管税务机关进行咨询。

纳税人如果未按照规定的期限向主管税务机关报送代扣代缴、代收代缴税款报告表和有关资料，税务机关将责令纳税人限期改正，并可以处2000元以下的罚款；情节严重的，可以处2000元以上10000元以下的罚款。

纳税人如果应扣未扣、应收而不收税款，税务机关可对纳税人处应扣未扣、应收未收税款50%以上3倍以下的罚款。

【案例4-5】2021年12月，税务机关接到群众举报，B公司年初以来未按规定代扣个人所得税，税务机关在对其进行检查的过程中发现，该公司每月向甲、乙、丙三类员工分别实际发放工资8200元、7600元、5400元，无其他应发放或应扣除项目。上述三类员工的工资每月均超过了5000元的费用扣除标准（无其他专项扣除、专项附加扣除、依法确定的其他扣除），但是该公司未按照规定进行个人所得税的代扣代缴，鉴于该公司长期存在以上违法行为并造成了一定的不良影响，税务机关做出了相应的行政处罚决定。

(八) 接受依法检查的义务

税务检查是税务机关依据法律、行政法规的规定对纳税人、扣缴义务人的缴纳或代扣代缴、代收代缴税款及其他有关税务事项进行的检查和处理工作的总称。

接受依法检查义务包括：接受税务机关依法进行的检查和处理，不得逃避；客观反映有关情况，如实提供有关报表和资料；不得有相关法律、法规禁止的隐瞒、弄虚作假、阻挠、刁难等拒绝检查的行为。

纳税人应当按照税务机关的要求如实提供纳税人的账簿、记账凭证、报表和有关资料；配合税务机关对纳税人的生产、经营场所和货物存放地进行检查；按照税务机关的要求提供与纳税或者代扣代缴、代收代缴税款有关的文件、证明材料和有关资料；如实回答税务机关对纳税人纳税或者代扣代缴、代收代缴税款有关的询问；如实反映情况，提供有关资料，不得拒绝、隐瞒或阻挠，并配合税务机关记录、录音、录像、照相和复制。

车站、码头、机场、邮政企业及其分支机构等有关单位应配合税务机关依法对托运、邮寄应纳税商品、货物或者其他财产的有关单据、凭证和有关资料进行的检查；银行及其他金融机构应配合经县以上税务局（分局）局长批准的存款账户检查及经设区的市、自治州以上税务局（分局）局长批准的案件涉嫌人员的储蓄账户检查。

纳税人如逃避、拒绝或者以其他方式阻挠税务机关检查，税务机关可对纳税人处 10000 元以下的罚款；情节严重的，处 10000 元以上 50000 元以下的罚款。

到车站、码头、机场、邮政企业及其分支机构检查纳税人有关情况时，有关单位拒绝的，税务机关可以对其处 10000 元以下的罚款；情节严重的，处 10000 元以上 50000 元以下的罚款。

银行或者其他金融机构拒绝接受依法检查纳税人、扣缴义务人存款账户的，税务机关可对其处 100000 元以上 500000 元以下的罚款；对其直接负责的主管人员和其他直接责任人员处 1000 元以上 10000 元以下的罚款。

(九) 及时提供信息的义务

纳税人应当按照法律、法规的规定，通过税务登记和纳税申报等方式向税务机关如实提供相关涉税信息。如果纳税人在生产、经营过程中，出现某些特殊情况，如发生歇业、歇业后复业、经营情况变化、遭受各种灾害等，也应及时向税务机关报告和说明，以便税务机关依法根据纳税人的情况中止（终止）纳税人的纳税申报义务，或准许纳税人延期纳税申报或延期缴纳税款，或免除纳税人因不可抗力等因素逾期纳税申报或逾期缴纳税款的法律责任。

纳税人应当按照法律、法规的规定向税务机关如实提供相关涉税信息，其主要方式为税务登记和纳税申报。

纳税人不能自行中止（终止）相关涉税义务，这样纳税人可能会承担未按期申报纳税和缴纳税款而被处以罚款的风险。如果纳税人事实上已经歇业但未向税务机关报告歇业的信息，税务机关视同纳税人未歇业，并按正常经营对待，纳税人就必须继续按期申报纳税和缴纳税款；如纳税人在已批准的歇业期间又恢复营业，且未及时向税务机关提供复业的信息，税务机关将向纳税人发出限期改正通知书，并可以对纳税人处 2000 元以下的罚款；情节严重的，可以处 2000 元以上 10000 元以下的罚款。

纳税人如果因自然灾害等不可抗力未能按期办理纳税申报或者报送代扣代缴、代收代缴税款报告表，且在不可抗力情形消除后，未立即向税务机关报告相关信息，税务机关可以对纳税人依法追究逾期申报的法律责任。

纳税人如果未及时提供生产经营情况变化、遭受各种灾害等特殊情况的信息，就不能依法享受延期申报、延期缴纳税款等相关权利。

（十）报告其他涉税信息的义务

其他涉税信息，是指除前述义务以外的涉税信息，主要包括两大类：①报告影响纳税人收入、成本和利润水平的重大涉税信息，如关联业务往来信息；②影响纳税人税款缴纳能力的重大涉税信息，如银行账户开立、企业合并、分立、处置大额财产等信息。

1. 存款账号报告。

纳税人应当自基本存款账户或者其他存款账户开立或变化之日起 15 日内，填写《纳税人存款账户账号报告表》，向税务机关报送相应的账户、账号开立证明复印件。

2. 关联企业业务往来报告。

纳税人与关联企业发生业务往来，应按规定向税务机关报告关联业务往来的有关信息。

关联企业是指在资金、经营、购销等方面存在直接或者间接的控制关系，或直接或者间接地同为第三者控制，或在利益上具有相关联的其他关系的企业。

纳税人应当在向税务机关报送年度企业所得税纳税申报表时，就纳税人与关联方之间的业务往来，附送年度关联业务往来报告表。税务机关在进行关联业务调查时，纳税人及关联方应当按照税务机关规定的时限提供下列相关资料。

（1）与关联业务往来有关的价格、费用的制定标准、计算方法和说明等同期资料；

（2）关联业务往来所涉及的财产、财产使用权、劳务等再销售（转让）价格或者最终销售（转让）价格的相关资料；

（3）与关联业务调查有关的其他企业应当提供的与被调查企业可比的产品价格、定价方式以及利润水平等资料；

（4）其他与关联业务往来有关的资料。

3. 合并、分立报告。

合并，是指两个以上的公司，通过订立合同，依照法定程序，合并为一个公司，包括吸收合并和新设合并两种方式。分立，是指一个公司依法定程序分开设立为两个以上的公司，一般以两种方式进行：一种是派生分立，另一种是新设分立。

自合并（分立）文件生效之日起10个工作日内，纳税人应填写《纳税人合并（分立）情况报告书》，报送企业合并（分立）的批准文件或企业决议复印件，并依法缴清税款。

4. 欠税人处置不动产或大额资产报告。

纳税人如果欠税达50000元以上，以变卖、赠与、抵押、质押、投资等形式处置不动产或大额资产，应在处置不动产或大额资产之前，填写《欠税人处置不动产或大额资产报告表》，提供拟处分不动产或大额资产清单，并按税务机关规定时限结清税款。

如果未履行报告其他涉税信息的义务，将承担以下法律责任。

（1）未按照规定报告全部银行账号。

纳税人如果未按照规定报告全部银行账号，税务机关将向纳税人发出限期改正通知书，并可对纳税人处2000元以下的罚款；情节严重的，处2000元以上10000元以下的罚款。

(2) 未按照规定报告关联业务往来。

纳税人如果未按照规定报告关联业务往来信息，除按照《中华人民共和国税收征收管理法》的有关规定予以处罚外，税务机关有权依照有关规定对纳税人的应税收入和应缴税款按照独立交易原则进行合理调整，补征税款，并按照税款所属纳税年度中国人民银行公布的与补税期间同期的人民币贷款基准利率加5个百分点加收利息。

(3) 未按规定报告企业合并、分立情况。

纳税人合并时未缴清税款的，应当由合并后的纳税人继续履行未履行的纳税义务；纳税人分立时未缴清税款的，分立后的纳税人对未履行的纳税义务应当承担连带责任。

(4) 欠税企业未按规定报告不动产或大额财产处置情况。

纳税人如果采取转移或者隐匿财产的手段逃避缴纳税款，税务机关将追缴纳税人所欠的税款、滞纳金，并处欠缴税款50%以上5倍以下的罚款；构成犯罪的，由司法机关依法追究刑事责任。

纳税人如果将不动产或大额财产设置抵押、质押、留置，税款先于抵押权、质权、留置权执行。

纳税人如果怠于行使到期债权或无偿转让财产，税务机关可以分别根据《中华人民共和国民法典》第五百三十五条、第五百三十八条的规定行使代位权、撤销权。

第二节　纳税人需求管理

根据中共中央办公厅、国务院办公厅印发的《关于进一步深化税收征管改革的意见》的总体部署，深化税收征管改革的指导思想突出了"以服务纳税人为中心"这一主题。在纳税服务各项工作开展当中，各级税务机关更是秉持了"始于纳税人需求，基于纳税人满意，终于纳税人遵从"的理念。因此全面收集、客观反映、有效应对纳税人的服务需求是税务机关开展各项纳税服务工作的基础。

一、纳税人税费服务需求征集的对象

纳税人需求征集的对象是纳税人在纳税缴费过程中依法行使权利或履行义

务所提出或产生的涉及税费相关法律法规、政策、程序、权益等方面的诉求、意见建议。

二、纳税人税费服务需求的归集

纳税人税费服务需求来源主要包括以下方面。

1. 纳税人通过网站、局长信箱、"互联网+税务督查"、热线、微信、微博及办税服务厅等线上线下渠道，采取口头、书面等方式向税务机关提出的各类税费服务需求。

2. 税务机关以问卷调查、座谈调研、上门走访等适当方式，主动向纳税人征集的各类税费服务需求。税务机关在办理局长信箱、"互联网+税务督查"留言时，分析研判出的纳税人税费服务需求。税务机关借助信息化手段，运用纳税人基础信息、涉税行为、办税缴费结果、征收管理信息等数据，分析发掘的纳税人税费服务需求。税务机关通过办税服务厅、小微企业直联及基层联系点等收集到的纳税人税费服务需求。

3. 涉税专业服务机构等第三方机构及社会团体收集的税费服务需求。

4. 国务院相关部门、地方政府及其相关部门交办、转办的纳税人税费服务需求。

三、纳税人税费服务需求的分析

纳税人税费服务需求的分析是有效应对的工作基础，税务机关需借助信息化手段，以系统智能处理方式为主，人工案头处理方式为辅，对归集的各类需求数据进行分类，并标签化处理。

初步识别各类税费服务需求后，剔除无效信息、重复需求等，分别按业务类别（完善制度或政策、政策落实、征管执法、服务规范、法律救济、信息化建设、人员素质等）、按基础信息（纳税人规模、性质、行业等）、按需求特征（时效性、重要性、共性、个性等）、按响应策略（限时响应、快速响应、持续改进、研究参考等）维度，对需求数据进行分类、标签。

税务机关依据已定义标签的需求数据，分类生成需求任务，并依据需求所占比重、提出频率、相关程度等，科学研判需求的优先级，按照需求轻重缓急，明确不同的响应策略，确定近期、中期、远期应对目标和具体工作内容，生成需求清单，确定响应层级、响应策略。最终按照需求任务的响应层级、需求分类和需求标签等要素，科学合理确定需求响应部门、响应时限等，并及时分派需求。

四、纳税人税费服务需求的响应和结果应用

根据不同税费服务需求，税务机关应当在规定时限内，按照需求响应策略，将处理情况反馈纳税人。

各级税务机关应当对归集的纳税人需求定期整理、分析研究，找出重点、共性需求加以应对，并根据纳税人需求变化，及时发现工作中的薄弱环节，采取相应措施，形成税收工作持续改进机制；充分利用纳税人需求大数据分析结果，定期向相关部门推送征管制度和税收政策的改进建议，为税务机关完善税收征管和税收政策提供参考。同时定期向社会公开具有普遍性、代表性的纳税人需求办理结果，接受社会各界监督，不断提高纳税人对税收工作的参与度、满意度和税法遵从度。

第三节　纳税人满意度调查

纳税人满意度调查，是指税务机关通过开展抽样调查、统计分析等有效方法，进行满意度评价采集、意见采集，从而及时了解纳税人的满意水平、关注焦点和需求建议，掌握纳税人诉求意见的活动。

一、纳税人满意度调查的类型与方式

（一）全面调查

全面调查是围绕税收工作重点，覆盖总局、省、市、县四级税务机关，涉及多项调查指标的常态化调查。全面调查由国家税务总局、省税务机关组织开展，原则上两年开展一次。省级以下税务机关不得开展。国家税务总局开展全面调查年度，省税务机关不再开展全面调查。

（二）日常调查

日常调查是各级税务机关针对具体税收管理、服务行为及纳税人办税体验的实时调查。

(三) 专项调查

专项调查是各级税务机关针对重点税收工作，纳税人普遍关切的税收政策、服务措施，以及全面调查、日常调查反映的突出问题开展的专门性调查。

根据不同的开展形式，纳税人满意度调查的方式有两种：①交互式。调查实施方向调查对象发放问卷、与调查对象面谈交流等收集整理反馈信息、分析结果，通过双方信息交互完成调查。②无感式。调查实施方建立满意度调查分析模型，应用大数据开展分析，形成调查结果，全程无需与调查对象进行交互。

二、纳税人满意度调查的管理

纳税人满意度调查的管理主要指调查指标的设置与计分标准的确定。

(一) 调查指标的设置

国家税务总局建立多维标签的满意度调查指标库，形成基础类指标为主，动态类指标为辅，主观感受类与客观判断类指标相结合，层次清晰、责任明确的指标体系。省税务机关可以国家税务总局相应的指标库为基础，结合工作实际，拓展建立省级满意度调查指标库。

标签可按以下维度设置。

1. 调查内容。分为政策落实、规范执法、便捷服务、信息化建设、廉洁自律五类指标。

2. 内容属性。分为基础类、动态类两类指标。基础类指标是指反映税收工作根本要求，具有一定的连贯性、可对比性的指标，属于调查常用指标；动态类指标是指反映一段时期税收工作重点和社会热点的指标。

3. 调查对象。分为适用法定代表人、财务负责人、办税人员、涉税中介从业人员、自然人纳税人五类指标。

4. 评价层级。分为适用国家税务总局、省税务机关、市税务机关、县(区)税务机关四类指标。

5. 评价部门。按照满意度调查指标涉及税收工作的承接职能部门设置。

6. 评价方式。分为量表类、判断类、开放类指标。

量表类指标评价选项中设置"非常满意""满意""基本满意""不满意""非常不满意"等选项，由调查对象根据主观感受选择；判断类指标评价选项中设置"是否"、"有无"、数值等选项，由调查对象根据客观事实选择；开放类指标采用文字描述方式展现调查内容和结果。

7. 其他。根据税收工作发展和调查需要，设置相应标签类型。

(二) 计分标准

采用赋值评分或非评分方式进行统计。赋值评分一般采用百分制，量表类指标对不同评价项赋以不同分值，根据所选评价项确定得分；判断类指标按照所选评价项的比例折算得分；开放类指标不计分。

三、纳税人满意度调查的实施

(一) 调查准备

制定调查方案，包括调查目的、类型、指标、方式、时间、区域、样本类型、样本数量、调查要求和职责分工等内容。

开展培训，使调查人员了解熟悉调查指标和调查方法。

预调查，在正式调查前开展，主要用于检验调查方案的可行性、科学性，保证调查质量。

(二) 调查实施

交互式调查，税务机关自行或委托第三方专业机构，采用问卷形式开展。调查优先运用互联网、移动端或电话，不具备条件的地区也可采用信函、走访、窗口等纸质问卷方式进行。

无感式调查，税务机关自行或委托第三方专业机构，根据调查指标直接抽取相应数据，通过整理计算得出评价结果。数据来源包括电子税务局、征纳互动、征管信息系统、政务服务"好差评"、办税服务厅综合管理系统、12366纳税服务平台等方面。

(三) 统计分析

统计汇总，数据征集结束后进行计算、汇总和复核，确保调查结果准确归集到对应调查指标和评价对象。

数据分析，按照调查对象、调查层级、调查部门等口径开展数据分类分析、同比分析、趋势分析等，归纳梳理共性问题。

(四) 形成报告

调查报告包括纳税人满意度总体情况、成效、存在问题、整改要求以及工作预判与建议等内容。

四、纳税人满意度调查的结果运用

纳税人满意度调查经调查实施、统计分析之后，则形成相应的纳税人满意度调查分析报告，具体包括纳税人满意度总体情况、成效、存在问题、整改要求以及工作预判与建议等内容。各级税务机关应当充分运用报告开展如下工作。

（一）工作提升

各级税务机关根据调查结果深入分析原因，制定整改方案，对满意度低分指标建立跟踪问效机制，加强重点督办，提升工作质效。

（二）辅助决策

各级税务机关深度加工评价数据，建立纳税人满意度动态趋势模型，及时掌握满意度变化趋势，为税收工作提供数据支撑、决策支持。

（三）考核考评

各级税务机关对纳税人满意度调查结果予以通报，分层级、分部门细化分解责任，作为绩效考评和数字人事管理的重要依据。

（四）外部反馈

各级税务机关可通过税务网站、新闻媒体、纳税人学堂等渠道，向纳税人反馈调查结果及工作改进措施，增进纳税人的理解，展示税务部门良好形象。

第四节　纳税人涉税信息查询

一、涉税公开信息查询的管理

税务机关按照办税公开要求的范围、程序和时限，公开相关涉税事项和具体规定，并向社会公众提供查询服务。社会公众可以通过报刊、网站、信息公告栏等公开渠道查询税收政策、重大税收违法案件信息、非正常户认定信息等依法公开的涉税信息。

税务机关应当对公开涉税信息的查询途径及时公告，方便社会公众查询。省、市税务机关通过税务网站和相关媒体，县税务机关通过公告栏、电子显示屏等渠道，按照办税公开要求的范围、程序和时限，公开相关事项，并及时更新维护。税务机关应在办税服务厅、自助办税终端、税务网站或新媒体等设置自助查询区域或窗口。

二、纳税人自身涉税信息查询的管理

税务机关依照法律法规的规定，向纳税人提供的自身涉税信息查询服务。

纳税人可以通过网站、客户端软件、自助办税终端等渠道，经过有效身份认证和识别，自行查询税费缴纳情况、纳税信用评价结果、涉税事项办理进度等自身涉税信息。对于纳税人无法自行获取所需自身涉税信息，可以向税务机关提出书面申请，税务机关应当在本单位职责权限内予以受理。

三、第三方涉税保密信息查询的管理

税务机关根据法律法规规定，依申请向人民法院、人民检察院、公安机关、审计机关、抵押权人、质权人等单位和个人提供的涉税保密信息查询服务。

税务机关在本单位职责权限内，按照法律法规规定向查询申请单位或个人提供有关纳税人的涉税保密信息。

税务机关对申请人申请查询涉税信息的申请资料应专门归档管理，保存期限为3年。

第五节　纳税服务投诉处理

为充分保障纳税人的合法权益，纳税人认为税务机关及其工作人员在履行纳税服务职责过程中未提供规范、文明的纳税服务或者有其他侵犯其合法权益的情形，可以向税务机关进行投诉，税务机关应按规定办理纳税人投诉事项。

纳税服务投诉管理工作遵循依法公正、规范高效、属地管理、分级负责的原则。

一、纳税服务投诉范围

（一）对服务言行的投诉

对服务言行的投诉，是指纳税人认为税务机关工作人员在履行纳税服务职责过程中服务言行不符合文明服务规范要求而进行的投诉。对服务言行的投诉具体包括：

1. 税务机关工作人员服务用语不符合文明服务规范要求的；
2. 税务机关工作人员行为举止不符合文明服务规范要求的。

（二）对服务质效的投诉

对服务质效的投诉，是指纳税人认为税务机关及其工作人员在履行纳税服务职责过程中未能提供优质便捷的服务而进行的投诉。对服务质效的投诉具体包括：

1. 税务机关及其工作人员未准确掌握税收法律法规等相关规定，导致纳税人应享受未享受税费优惠政策的；
2. 税务机关及其工作人员未按规定落实首问责任、一次性告知、限时办结、办税公开等纳税服务制度的；
3. 税务机关及其工作人员未按办税事项"最多跑一次"服务承诺办理涉税业务的；
4. 税务机关未能向纳税人提供便利化办税缴费渠道的；
5. 税务机关及其工作人员擅自要求纳税人提供规定以外资料的；
6. 税务机关及其工作人员违反规定强制要求纳税人出具涉税鉴证报告，违背纳税人意愿强制代理、指定代理的。

（三）侵害纳税人合法权益的其他投诉

侵害纳税人合法权益的其他投诉，是指纳税人认为税务机关及其工作人员在履行纳税服务职责过程中未依法执行税收法律法规等相关规定，侵害纳税人的合法权益而进行的其他投诉。

对依法应当通过税务行政复议、诉讼、举报等途径解决的事项，应当依照有关法律、法规、规章及规范性文件的规定办理。

投诉内容存在以下情形的，不属于纳税服务投诉的范围。

1. 违反法律、法规、规章有关规定的；
2. 针对法律、法规、规章和规范性文件规定进行投诉的；
3. 超出税务机关法定职责和权限的；
4. 不属于《纳税服务投诉管理办法》投诉范围的其他情形。

二、纳税服务投诉提交与受理

（一）纳税服务投诉提交

纳税人可以通过网络、电话、信函或者当面等方式提出投诉，进行纳税服务投诉原则上以实名提出，实名投诉时，应当列明下列事项。

1. 投诉人的姓名（名称）、有效联系方式；
2. 被投诉单位名称或者被投诉个人的相关信息及其所属单位；
3. 投诉请求、主要事实、理由。

纳税人通过电话或者当面方式提出投诉的，税务机关在告知纳税人的情况下可以对投诉内容进行录音或者录像。

纳税人对纳税服务的投诉，可以向本级税务机关提交，也可以向其上级税务机关提交。

已就具体行政行为申请税务行政复议或者提起税务行政诉讼，但具体行政行为存在不符合文明规范言行问题的，可就该问题单独向税务机关进行投诉。

（二）纳税服务投诉受理

各级税务机关的纳税服务部门是纳税服务投诉的主管部门，负责纳税服务投诉的接收、受理、调查、处理、反馈等事项。需要其他部门配合的，由纳税服务部门进行统筹协调。各级税务机关应当配备专职人员从事纳税服务投诉管理工作，保障纳税服务投诉工作的顺利开展。

纳税服务投诉符合规定的投诉范围且属于下列情形的，税务机关应当受理。

1. 纳税人进行实名投诉，且投诉材料符合实名投诉应当列明的事项；
2. 纳税人虽进行匿名投诉，但投诉的事实清楚、理由充分，有明确的被投诉人，投诉内容具有典型性。

纳税服务投诉属于下列情形的，税务机关不予受理。

1. 对税务机关已经处理完毕且经上级税务机关复核的相同投诉事项再次投诉的；
2. 对税务机关依法、依规受理，且正在办理的服务投诉再次投诉的；
3. 不属于投诉范围的其他情形。

（三）审查处理

税务机关收到投诉后应于1个工作日内决定是否受理，并按照"谁主管、谁负责"的原则办理或转办。对于不予受理的实名投诉，税务机关应当以适当形式告知投诉人，并说明理由。逾期未告知的，视同自收到投诉后1个工作日内受理。

上级税务机关认为下级税务机关应当受理投诉而不受理或者不予受理的理由不成立的，可以责令其受理。上级税务机关认为有必要的，可以直接受理应由下级税务机关受理的纳税服务投诉。

纳税人的同一投诉事项涉及两个以上税务机关的，应当由首诉税务机关牵头协调处理。首诉税务机关协调不成功的，应当向上级税务机关申请协调处理。

纳税人就同一事项通过不同渠道分别投诉的，税务机关接收后可合并办理。

税务机关应当建立纳税服务投诉事项登记制度，记录投诉时间、投诉人、被投诉人、联系方式、投诉内容、受理情况以及办理结果等有关内容。

三、纳税服务投诉调查与处理

税务机关调查处理投诉事项，应依法依规、实事求是、注重调解，化解征纳争议。税务机关调查人员与投诉事项或者投诉人、被投诉人有利害关系的，应当回避。

（一）纳税服务投诉调查

调查纳税服务投诉事项，应当由两名以上工作人员参加。一般流程为：

1. 核实情况。查阅文件资料，调取证据，听取双方陈述事实和理由，必要时可向其他组织和人员调查或实地核查；

2. 沟通调解。与投诉人、被投诉人确认基本事实，强化沟通，化解矛盾，促进双方就处理意见形成共识；

3. 提出意见。依照有关法律、法规、规章及其他有关规定提出处理意见。

（二）纳税服务投诉处理

1. 税务机关对各类服务投诉应限期办结。对服务言行类投诉，自受理之日起5个工作日内办结；服务质效类、其他侵害纳税人合法权益类投诉，自受理之日起10个工作日内办结。

2. 下列情形税务机关应快速处理，自受理之日起 3 个工作日内办结。

（1）纳税人提出的对税务机关及其工作人员未准确掌握税收法律法规等相关规定，导致纳税人应享受未享受税收优惠政策的投诉；

（2）自然人纳税人提出的个人所得税服务投诉；

（3）自然人缴费人提出的社会保险费和非税收入征缴服务投诉；

（4）涉及其他重大政策落实的服务投诉。

3. 下列情形税务机关可即时处理。

（1）纳税人当场提出投诉，事实简单、清楚，不需要进行调查的；

（2）一定时期内集中发生的同一投诉事项且已有明确处理意见的。

4. 服务投诉因情况复杂不能按期办结的，经受理税务机关纳税服务部门负责人批准，可适当延长办理期限，最长不得超过 10 个工作日，同时向转办部门进行说明并向投诉人做好解释。

5. 调查过程中发生下列情形之一的，应当终结调查，并向纳税人说明理由。

（1）投诉事实经查不属于纳税服务投诉事项的；

（2）投诉内容不具体，无法联系投诉人或者投诉人拒不配合调查，导致无法调查核实的；

（3）投诉人自行撤销投诉，经核实确实不需要进一步调查的；

（4）已经处理反馈的投诉事项，投诉人就同一事项再次投诉，没有提供新证据的；

（5）调查过程中发现不属于税务机关职责范围的。

6. 税务机关根据调查核实的情况，对于投诉情况属实的，责令被投诉人限期改正，并视情节轻重分别给予被投诉人相应的处理；投诉情况不属实的，向投诉人说明理由。

7. 最终税务机关需要将纳税服务投诉的处理结果对投诉人进行相应的反馈。

（1）税务机关应在规定时限内将处理结果以适当形式向投诉人反馈。反馈时应告知投诉人投诉是否属实，对投诉人权益造成损害的行为是否终止或改正；不属实的投诉应说明理由。

（2）投诉人对税务机关反馈的处理情况有异议的，税务机关应当决定是否开展补充调查以及是否重新作出处理结果。

(3) 投诉人认为处理结果显失公正的，可向上级税务机关提出复核申请。上级税务机关自受理之日起，10个工作日内作出复核意见。

【案例4-6】 基本情况：某日，纳税人来到某市税务局办税服务厅办理预缴税款业务，窗口人员小王受理了该项业务。纳税人说："我是外省的，承包了你们市的一个建筑项目，听说纳税人跨区域提供建筑服务，需要预缴税款。"

小王只顾忙手头的事，好一会儿才说道："加盖公章的建筑合同复印件带了吗？"

纳税人脸上露出了不悦的神色问道："没盖公章办不了吗？"

小王漠然地点点头。

纳税人叹了口气道："唉，能不能通融一下，我过来还挺远的，就给我办了吧。"

小王说："办不了。"

纳税人忍住心里的怒火说："确定公章和合同复印件就好了吗？"

小王嗯了一声。

纳税人瞪了小王一眼，心里满是抱怨："这小伙子态度真差，我大老远跑过来不就少带了个公章，也不给通融一下。只能赶紧打车回去拿了，应该能在他们下班前赶回来。"

两个小时后，纳税人急匆匆地冲到柜台前，把塑料袋里的一叠资料递给小王说："小伙子，我都拿来了，快给我办吧！"

小王慢悠悠地接过资料，一页页翻看着。随后，摇了摇头说："有分包业务，还需要提供分包合同复印件以及从分包方取得的发票复印件。"

纳税人心里的怒火一下子爆发出来，道："之前和你确认再三，你和我说只差个公章，现在又对我说资料不全，你糊弄谁呢！你自己在里面风吹不着、日晒不着，我风尘仆仆赶过来容易吗？"

小王不为所动，把资料往柜台外一推说："手续资料不全，办不了就是办不了。"

纳税人气愤地把资料往包里一塞，恨恨地说道："要带的资料也不一次性说全，让我跑来跑去的，我要投诉你！"

纳税人说完掉头就走，头也不回地离开了办税服务厅，当日拨打12366纳税服务热线进行投诉。

处理情况：某市税务局纳税服务科接到12366纳税服务热线转办工单后，

当即受理。调查人员第一时间与投诉人纳税人取得联系，了解具体的情况，并调取了办税服务厅视频监控录像，向被投诉人小王核实情况。经查，小王在服务过程中，确实存在未一次性告知政策规定的情况，同时服务态度也欠佳。

根据调查结果，某市税务局纳税服务处作出以下处理：一是立即联系纳税人向其作出解释、致歉，并提供了预约服务；二是对小王进行批评教育，将该投诉在全市进行通报，并要求办税服务厅加强全员培训。

经回访，纳税人表示他已经顺利办理了预缴税款，对投诉处理非常满意。

分析借鉴：本案例主要属于服务质效投诉，同时也涉及服务态度投诉。窗口人员小王未一次性告知预缴税款所需资料，属于《纳税服务投诉管理办法》第十一条第二款"税务机关及其工作人员未按规定落实首问责任、一次性告知、限时办结、办税公开等纳税服务制度"的情形。窗口人员小王在为纳税人提供服务的过程中语气冷漠，属于《纳税服务投诉管理办法》第十条第一款"税务机关工作人员行为举止不符合文明服务规范要求"的情形。窗口人员小王服务态度冷淡已引起投诉人不满，在沟通过程中又未能履行一次性告知，未及时向投诉人告知事项办理所需的资料，导致投诉人两次往返办税服务厅却徒劳无功，引起投诉。窗口工作人员在纳税服务中应注重运用语言技巧，用平和的心情和温暖的语言，给纳税人提供"有温度的服务"。窗口服务单位应主动作为、创新服务举措，针对不同服务群体提供纸质办税指引、二维码办税指南、网络查询路径等多元化告知方式，提升告知服务质效，让纳税人"最多跑一次"。

 本章思考题

1. 纳税人的权利与义务有哪些？按照《关于进一步深化税收征管改革的意见》相关要求，税务机关应当如何更好地保障纳税人权利得以落实，帮助纳税人切实履行自身义务？
2. 对于不同类别的纳税人税费服务需求，税务机关应当如何有效响应，应当如何实施相应的结果应用？

3. 纳税人满意度调查的工作目标是什么？税务机关如何有效地推进纳税人满意度调查工作的开展？
4. 纳税人自身涉税信息可以供第三方查询吗？需要具备的查询条件是什么？
5. 税务机关常见的纳税服务投诉是什么？如何有效防止纳税服务投诉的产生？

第五章　纳税信用管理

【学习目标】了解纳税信用管理的概念和基本内容、纳税信用评价和评价结果的应用，掌握纳税信用管理基本理念和实现路径，树立诚信纳税理念。

第一节　纳税信用管理的概念和基本内容

一、纳税信用管理的概念及其发展历程

（一）纳税信用管理的概念

"信用"，顾名思义，因信而用。纳税信用是纳税人履行纳税义务过程中产生的，经过一段时期在税务机关累积的信任度、诚信度、遵从度。纳税信用管理，是指税务机关对纳税人的纳税信用信息开展的采集、评价、确定、发布和应用等活动。

（二）纳税信用管理的发展历程

我国纳税信用管理的发展经历了三个阶段。

1. 探索实践阶段（2003年至2013年）。

以《国家税务总局关于印发〈纳税信用等级评定管理试行办法〉的通知》（国税发〔2003〕92号）为标志，税务系统开始探索实施纳税信用管理工作。

2. 持续完善阶段（2014年至2019年）。

为贯彻落实党的十八届三中全会决定和2014年政府工作报告中强调的"让守信者一路畅通、让失信者寸步难行"的要求，根据《中华人民共和国税收征收管理法》及其实施细则、《国务院关于促进市场公平竞争维护市场正常秩序的若干意见》（国发〔2014〕20号）和《国务院关于印发〈社会信用体系建设规划纲要（2014—2020年）〉的通知》（国发〔2014〕21号），国家税务总局制定和发布了《纳税信用管理办法（试行）》（国家税务总局公告2014年

第 40 号），以促进纳税人诚信自律，提高税法遵从度。

此后，国家税务总局陆续制定和发布若干公告，对纳税信用管理的评价范围、信用级别、评价指标、补评、复评（核）、动态调整等进行了修订和完善，并于 2019 年建立了纳税信用修复机制。

至此，纳税信用管理形成了涵盖信息采集、级别评价、结果应用、异议处理、信用修复等"全环节"的制度框架。与此同时，纳税信用日益为社会所认可、为政府其他部门所重视，在政府部门间联合激励、联合惩戒工作方面也迈上了新台阶。

3. 提质增效阶段（2019 年至今）。

2019 年，国务院办公厅印发《关于加快推进社会信用体系建设构建以信用为基础的新型监管机制的指导意见》（国办发〔2019〕35 号），提出要以习近平新时代中国特色社会主义思想为指导，按照依法依规、改革创新、协同共治的原则，以加强信用监管为着力点，创新监管理念、监管制度和监管方式，建立健全贯穿市场主体全生命周期，衔接事前、事中、事后全监管环节的新型监管机制，不断提升监管能力和水平，进一步规范市场秩序，优化营商环境，推动高质量发展。

2022 年，中共中央办公厅、国务院办公厅印发了《关于推进社会信用体系建设高质量发展促进形成新发展格局的意见》，提出以习近平新时代中国特色社会主义思想为指导，深入贯彻党的十九大和十九届历次全会精神，坚持系统观念，统筹发展和安全，培育和践行社会主义核心价值观，扎实推进信用理念、信用制度、信用手段与国民经济体系各方面各环节深度融合，进一步发挥信用对提高资源配置效率、降低制度性交易成本、防范化解风险的重要作用，为提升国民经济体系整体效能、促进形成新发展格局提供支撑保障。税务部门坚决贯彻落实党中央、国务院决策部署，奋力推进税收现代化，纳税信用管理沿着高质量发展的轨道阔步向前。

二、纳税信用管理的基本内容

（一）纳税信用管理的原则

纳税信用管理遵循客观公正、标准统一、分级分类、动态调整的原则。

1. 客观公正。一是广泛采集纳税人的涉税行为信息，客观反映纳税人履行纳税义务情况。二是通过信息化手段实现纳税信用管理的标准化，尽量减少人为干预因素。

2. 标准统一。一是统一评价指标和评价方式，从纳税人主观态度、遵从能力、实际结果和失信程度四个方面，设计纳税信用评价指标，明确对应分值和直接判级方式，评价纳税人涉税行为所反映的诚信状况。二是统一评价系统，全国各地税务机关以统一的纳税信用管理系统开展评价。三是统一评价时间，每年统一对纳税人上一年度1月1日—12月31日的信用状况开展评价，并在统一时间发布新一年度纳税信用评价结果。

3. 分级分类。一是根据纳税人纳税信用信息的客观记录，划分纳税信用级别。二是纳税信用级别直接与税收服务和管理挂钩，守信激励、失信惩戒。

4. 动态调整。一是根据纳税人纳税信用信息的变化情况，对其纳税信用级别进行动态调整。二是根据社会信用体系建设的要求，对纳税信用管理制度和评价指标进行动态调整。

（二）纳税信用信息

信任的基础是信用，信用的基础是信息。按照《纳税信用管理办法（试行）》相关规定，纳税信用信息采集工作由国家税务总局和省税务机关组织实施。纳税信用信息主要包括纳税人信用历史信息、税务内部信息、外部信息。其中，纳税人信用历史信息主要从税务管理系统、纳税人申报、国家统一信用信息平台等渠道采集；税务内部信息从税务管理系统中采集；外部信息主要通过税务管理系统、国家统一信用信息平台、相关部门官方网站、新闻媒体或者媒介等渠道采集。通过新闻媒体或者媒介采集的信息应核实后使用。

（三）纳税信用级别

目前，纳税信用级别分为A、B、M、C、D五级。其中，A级纳税信用为年度评价指标得分90分以上的；B级纳税信用为年度评价指标得分70分以上不满90分的；C级纳税信用为年度评价指标得分40分以上不满70分的；D级纳税信用为年度评价指标得分不满40分或者直接判级确定的。按照《国家税务总局关于纳税信用评价有关事项的公告》（国家税务总局公告2018年第8号）规定，M级纳税信用包括两种情形：一是从首次在税务机关办理涉税事宜之日起时间不满一个评价年度的新设立企业；二是评价年度内无生产经营业务收入且年度评价指标得分70分以上的企业。

第二节 纳税信用评价

一、纳税信用评价方式

按照《纳税信用管理办法（试行）》相关规定，纳税信用评价采取年度评价指标得分和直接判级两种方式。其中，年度评价指标得分采取扣分方式，纳税人近 3 年评价年度内经常性指标和非经常性指标信息齐全的，从 100 分起评；非经常性指标缺失的，从 90 分起评。直接判级适用于首次到税务机关办理涉税事宜的新设立纳税人及有严重失信行为的纳税人。

目前，纳税信用评价已基本覆盖企业类纳税人。税务机关每年 4 月确定上一年度纳税信用评价结果，并为纳税人提供自我查询服务。除此之外，国家税务总局也以公告形式明确，对于非独立核算分支机构和适用增值税一般计税方法的个体工商户，可以自愿申请参与纳税信用评价。

二、纳税信用评价指标

2014 年，国家税务总局依据法律法规的相关规定，制定并发布《纳税信用评价指标和评价方式（试行）》（国家税务总局公告 2014 年第 48 号），规范各级税务机关纳税信用评价工作，保证纳税信用评价结果的统一性。

设计指标扣分分值时，主要考量纳税人主观态度、遵从能力、实际结果和失信程度四个方面。根据纳税人涉税行为记录，区别行为中体现出的诚信态度（如按期申报、按期缴纳、银行账户设置数量大于向税务机关提供数量等指标）、遵从能力（如纳税人向税务机关办理纳税申报之后的存续时间、账簿与凭证的管理等指标）、实际结果（如税务检查指标）和影响程度（如非正常户的指标），设计了纳税信用评价指标对应的扣分分值和直接判级方式。

三、纳税信用动态管理

按照现行纳税信用管理制度，税务机关对纳税人的纳税信用级别实行动态管理。具体包含以下五种形式。

（一）纳税信用补评

按照《纳税信用管理办法（试行）》规定，纳税人因涉嫌税收违法被立案查处尚未结案的；被审计、财政部门依法查出税收违法行为，税务机关正在依法处理，尚未办结的；已申请税务行政复议、提起行政诉讼尚未结案的等情形解除，可以向税务机关申请补充纳税信用评价。主管税务机关应自受理申请之日起15个工作日内完成补评工作，并向纳税人反馈纳税信用评价信息或提供评价结果的自我查询服务。

（二）纳税信用复评

按照《纳税信用管理办法（试行）》规定，纳税人对纳税信用评价结果有异议的，可按规定向主管税务机关申请纳税信用复评。主管税务机关应自受理申请之日起15个工作日内完成复评工作，并向纳税人反馈纳税信用复评信息或提供复评结果的自我查询服务。在2023年"便民办税春风行动"中，税务部门探索推出了新设立纳税人纳税信用复评机制，支持纳入纳税信用管理不满一个评价年度但已满12个月的纳税人申请纳税信用复评。税务机关依据其近12个月的纳税信用状况，确定其纳税信用评价结果。

（三）纳税信用修复

按照《国家税务总局关于纳税信用修复有关事项的公告》（国家税务总局公告2019年第37号）和《国家税务总局关于纳税信用评价与修复有关事项的公告》（国家税务总局公告2021年第31号）及相关规定，纳税人主动纠正失信行为、履行税收法律责任，符合条件的可向主管税务机关申请纳税信用修复。自2021年度纳税信用评价起，税务机关按照"首违不罚"相关规定对纳税人不予行政处罚的，相关记录不纳入纳税信用评价。主管税务机关自受理纳税信用修复申请之日起15个工作日内完成审核，并向纳税人反馈信用修复结果。纳税信用修复完成后，纳税人按照修复后的纳税信用级别适用相应的税收政策和管理服务措施，之前已适用的税收政策和管理服务措施不作追溯调整。

（四）纳税信用动态调整

按照《国家税务总局关于完善纳税信用管理有关事项的公告》（国家税务总局公告2016年第9号）及相关规定，因税务检查等发现纳税人以前评价年度存在直接判为D级情形的，主管税务机关应调整其相应评价年度纳税信用级别为D级，该D级评价不保留至下一年度；对税务检查等发现纳税人以前评价年度存在需扣减纳税信用评价指标得分情形的，主管税务机关暂不调整其相应年度纳税信用评价结果和记录；税务机关发现纳税人存在直接判为 D 级情形的，应及时对其纳税信用级别进行调整，并以适当方式告知纳税人。

（五）纳税信用复核

纳税人对指标评价情况有异议的，可在评价年度次年 3 月份填写《纳税信用复评（核）申请表》，向主管税务机关提出复核，主管税务机关在开展年度评价时审核调整，并随评价结果向纳税人提供复核情况的自我查询服务。

第三节　纳税信用评价结果的应用

一、税务内部评价结果的应用

税务机关按照守信激励、失信惩戒的原则，对不同信用级别的纳税人实施分类服务和管理。

（一）优化服务举措

对纳税信用 A 级纳税人，税务部门主动向社会公开名单及相关信息，并采取放宽发票领用限制、为连续 3 年被评为纳税信用 A 级的纳税人提供绿色通道或专门人员帮助办理涉税事项等服务举措。同时，纳税信用 A 级、B 级纳税人还能提速办理出口退（免）税手续以及按规定享受增值税留抵退税、资源综合利用产品和劳务增值税优惠政策等税收优惠政策，激励和引导更多纳税人依法诚信纳税，助力社会信用体系建设持续发展。

（二）实施严格管理

税务部门依法依规对 D 级纳税人实施限量领用发票、加强出口退税审核、加强纳税评估、列入重点监控对象、提高监督检查频次、发现税收违法违规行为不得适用规定处罚幅度内的最低标准以及不得享受部分税收优惠政策等严格管理措施，倒逼和促进纳税人依法诚信纳税，提升其税法遵从度。

二、跨部门应用

（一）守信联合激励

税务部门通过全国信用信息共享平台、地方信用信息共享平台等渠道，定期向签署《关于对纳税信用 A 级纳税人实施联合激励措施的合作备忘录》（发改财金〔2016〕1467号）的相关部门和单位提供纳税信用A级纳税人名单，并按照有关规定及时更新。相关名单信息在税务机关门户网站、"信用中国"网站和国家企业信用信息公示系统进行公示，供社会查阅。相关部门和单位从平台中获取纳税信用A级纳税人名单并执行或协助执行备忘录规定的激励措施，帮助A级纳税人获取更多的便利实惠和市场机会。具体包括：建立行政审批绿色通道，根据实际情况实施"容错受理"等便利服务；在政府投资项目招标中，招标人确需投标人提交纳税证明的，可以简化纳税证明等相关手续；在实施财政性资金项目安排时，将企业纳税信用状况作为参考条件，同等条件下优先考虑A级纳税人；在政府招标供应土地时，同等条件下优先考虑；作为银行授信融资的重要参考条件等联合激励措施。各省、自治区、直辖市人民政府也以暂行办法、条例等形式制定了一系列联合激励措施，其中包括在公共资源交易中，给予信用加分、提升信用等次、参与政府投资或者政府与社会资本合作的建设项目，予以减免保证金等具有地方特色的激励措施，充分发挥守信联合激励机制的正向引导作用，营造诚实守信的良好社会氛围。

延伸阅读

银税互动"贷"动企业加速发展

"我们在'信贷通'贷到了500万元，资金压力小多了。"J省E有限公司负责人曾思文办理完授信额度后心情大好。

这是J省税务部门在推动"银税互动"和落实税费减免政策下，当地企业逐渐步入发展正轨的一个缩影。

服务扩围 贷款快了

受新冠疫情影响，一些企业在恢复生产经营阶段都面临资金周转压力。J省税务部门通过贷款信用等级扩围、加快融资速度、推行网上办理等来提升"银税互动"运行质效，更迅速、便捷地破解大范围企业的融资困难。

"在税务部门的辅导下，我们通过J省电子税务局'银税互动'信贷模块，足不出户就申请到了100万元无抵押贷款。"J省Y县永盛鞋业有限公司财务负责人游财元介绍，当地税务部门了解到企业资金链"梗阻"后，根据企业的纳税信用等级立即为企业对接农商银行，办理线上贷款授信。

据了解，J省税务局优化升级了电子税务局"银税互动服务平台"，安排专人通过电话、微信等方式,辅导企业线上办理贷款手续,并根据纳税人授权,实现税务、银行信息共享共用,纳税人"在线随时申请、网上实时办结",融资到账时间从平均 7 个工作日缩短至最快 5 分钟,贷款流程从税务、银行"来回跑"升级为"一次不跑"。

在 N 市,当地税务部门与农商银行联合开展"银税互动"政策宣讲会,通过钉钉平台进行网络直播,向企业介绍"银税互动"贷款受惠企业范围由 A 级、B 级企业扩大至 M 级企业以及贷款办理流程。N 市 G 农业开发有限公司等 5 户企业网络直播现场顺利完成了贷款申请。

"很贴心,税务人员不仅帮我们找来资金,还手把手教我们办理!" G 公司负责人李金耀提交完贷款申请后说道。

"点税成金"企业活了

"有了这 500 万元,资金周转得过来了!" N 市 X 包装公司负责人一扫两个月以来的阴霾。原来,当地税务部门在上门走访时得知该企业资金链严重吃紧,生产经营面临困境。经税务部门的"牵线搭桥",X 公司顺利拿到"信贷通"贷款,保证了原料供应,企业生产经营之路变得通畅。

在 S 市,Y 食品有限公司也通过"银税互动"拿到了"救命钱"。受新冠疫情影响,该企业生产、销售、资金回笼均受到了阻碍。得知企业困难,当地税务部门立刻帮助企业与银行对接,辅导其线上申请"银税互动"项目"云税贷",企业信用等级为 A 级,当场获批了 200 万元的授信额度。

"有这笔周转资金,不仅可以支付前期采购款,我又下了 29 万元的订单。" Y 企业负责人表示:"贷来的资金继续投入生产,确保了企业的有效运转。"

"从申请到审核,一共只花了十几分钟的时间。" Z 宾馆负责人梅勇惊讶"税易贷"的放贷速度。某风景区税务部门了解到企业融资难题后,主动帮助企业获得"税易贷"100 万元的贷款额度,利率比同期平均普惠贷款利率还低。梅勇高兴地说,"这笔贷款就像一场及时雨,救活了我们。"

(二) 失信联合惩戒

国家税务总局制定并公布《重大税收违法失信主体信息公布管理办法》(国家税务总局令第 54 号),通过全国信用信息共享平台、地方信用信息共享平台等渠道,定期向相关部门和单位提供重大税收违法主体信息,并实施联合惩戒。相关名单信息在税务机关门户网站、"信用中国"网站和国家企业信用信息公示系统进行公示,供社会查阅。相关部门和单位收到名单信息后,依法依规对其实施阻止出境、限制担任相关职务、禁止部分高消费行为、限制取得政府供应土地、依法禁止参加政府采购活动等联合惩戒措施。各省、自治区、直辖市人民政府也以暂行办法、条例等形式制定了一系列联合惩戒措施,其中包括在办理资质、资格、许可证照等评定、申报、升级、验证、年检事项中,依法予以严格限制、对进出口货物逐批开箱检验,提高进出口货物查验率等,充分发挥失信联合惩戒机制的约束警示效应,营造公平诚信的市场环境。

除上述措施外,近年来,税务部门与发改委、市场监管、海关等外部门建立健全信用互动、互享、互认工作机制,广泛参与对其他领域守信主体和失信主体实施联合激励和联合惩戒,将采集到的经营异常名录、失信被执行人等信用信息,应用到税收管理工作中,促进税务部门从事前监管向事中、事后监管与服务的转型,实现纳税信用和其他领域信用的衔接融合和联动管理。如对优秀青年志愿者担任法人代表的企业,在税收管理行政审批事项受理中实施"绿色通道"和"容缺受理"等便利服务措施;对安全生产领域守信生产经营单位提供"绿色通道"或专门人员帮助办理涉税事项;对符合条件的海关高级认证企业,其出口退(免)税企业分类管理类别可评定为一类等;在实施税收优惠政策时,将安全生产领域生产经营单位的失信状况、失信被执行人的失信状况作为审慎性参考依据;对海关失信企业,加强出口退税审核;限制因违反环境保护法律法规受到处罚的环境保护领域严重失信主体享受资源综合利用产品和劳务增值税即征即退政策等。

本章思考题

1. (论述题)根据《国务院办公厅关于进一步完善失信约束制度 构建诚信建设长效机制的指导意见》(国办发〔2020〕49号)等文件要求,结合深化税收征管改革出现的新情况、新问题,纳税信用管理工作应该从哪些方面优化?
2. (论述题)应该采取哪些激励和惩戒措施,切实提升纳税人的税法遵从度?
3. (论述题)试分析将缴费信息纳入信用管理的可行性?

第六章　涉税专业服务监管

【学习目标】了解涉税专业服务概念、涉税专业服务行业发展历程、涉税专业服务监管实践等内容，掌握我国涉税专业服务监管现有框架体系和制度安排。

第一节　涉税专业服务概述

一、涉税专业服务的概念

涉税专业服务是指涉税专业服务机构接受委托，利用专业知识和技能，就涉税事项向委托人提供的税务代理等服务。

涉税专业服务概念的内涵包括以下几方面：一是涉税专业服务主体为委托人提供的是一种以专业知识和技能为基础的专业化市场服务。二是涉税专业服务主体为委托人提供的是一种涉及税收事务的专业化服务。三是涉税专业服务主体为委托人提供的是一种有偿性的市场服务。这里的委托人包括纳税人、国家行政管理部门等。

二、涉税专业服务的特征

涉税专业服务具有独立性、公正性、专业性、自愿性、有偿性等特征。

（一）独立性

独立性是指涉税专业服务机构及其从事涉税服务人员在其接受涉税专业服务委托的权限内，恪守职业道德，独立行使涉税专业服务权，不受其他机关、社会团体和个人的干预。

（二）公正性

涉税专业服务机构及其从事涉税服务人员在实施涉税专业服务过程中，必须站在公正的立场上，在维护税法尊严的前提下，客观、公正地为纳税人对涉税事项作出专业结论或者对涉税事项出具鉴定和证明，绝不能因收取委托人的报酬而偏袒或迁就纳税人或其他利益相关方。

（三）专业性

涉税专业服务行业是一种知识密集型专业服务行业，涉税专业服务机构及其从事涉税服务人员合理运用财务会计、税收专业理论和方法等专业知识和实践经验，对涉税相关业务进行职业判断，独立解决涉税服务业务中的疑难问题，确保为委托人提供具有专业水准的涉税服务。

（四）自愿性

涉税专业服务机构及其从事涉税服务人员从事涉税专业服务，必须坚持自愿委托的基本原则。纳税人有委托或不委托的选择权，同时也有选择谁为其服务的权利；涉税专业服务机构及其从事涉税服务人员也同样具有选择服务对象的自由，拥有接受委托或拒绝服务的选择权。任何人不能以任何方式强迫纳税人、扣缴义务人委托涉税专业服务，委托人也不得违背涉税专业服务机构及其从事涉税服务人员的意志，双方只有在自愿、合法的基础上订立契约，涉税专业服务委托关系才能真正确立。

（五）有偿性

涉税专业服务行业是伴随着市场经济产生和发展的，它以税收法律法规为准绳，以服务为宗旨，在注重社会效益的同时，遵循市场公平交易规则，获取合理报酬，并为委托人提供优质的服务。

三、涉税专业服务概念的起源

我国涉税专业服务经历了税务代理时期、注册税务师时期等发展阶段。随着经济的发展，涉税专业服务机构接受纳税人、税务机关以及各种涉税利益攸关方的委托，帮助其处理或代为处理其自身无法完成或无力完成的各种涉税事务。其提供的服务逐渐由税务代理扩展为包括税务顾问、税收策划、涉税鉴证等在内的涉税服务业务。2005年国家税务总局公布的《注册税务师管理暂行办法》（2005年12月30日国家税务总局令第14号公布自2006年2月1日起施行），将涉税服务业务整合为两大类型：涉税服务和涉税鉴证服务。

"涉税专业服务"一词最早出现于2011年，国家税务总局发布《关于税务师事务所公告栏有关问题的公告》（国家税务总局公告2011年第67号）规定：

国家税务总局发布的业务文件中，凡涉及"有资质的中介机构"字样的，统一解释为"税务师事务所等涉税专业服务机构"。

2015年，中共中央办公厅、国务院办公厅印发的《深化国税、地税征管体制改革方案》，再次提到了"涉税专业服务"，在构建税收共治格局方面，提出"探索政府购买税收服务，规范和发挥涉税专业服务社会组织在优化纳税服务、提高征管效能等方面的积极作用"。2016年，为贯彻落实中共中央办公厅、国务院办公厅印发的《深化国税、地税征管体制改革方案》，国家税务总局印发了《关于建立税务机关、涉税专业服务社会组织及其行业协会和纳税人三方沟通机制的通知》（税总发〔2016〕101号），建立了税务机关、涉税专业服务社会组织及其行业协会、纳税人三方沟通机制。

2017年，国家税务总局出台《涉税专业服务监管办法（试行）》（国家税务总局公告2017年第13号），首次以规范性文件的形式明确了涉税专业服务概念。

四、涉税专业服务内容

涉税专业服务机构是指税务师事务所和从事涉税专业服务的会计师事务所、律师事务所、代理记账机构、税务代理公司、财税类咨询公司等机构。涉税专业服务机构可以从事纳税申报代理、一般税务咨询、专业税务顾问、税收策划、涉税鉴证、纳税情况审查、其他税务事项代理、其他涉税服务等业务。其中：具有税务师事务所、会计师事务所、律师事务所资质的涉税专业服务机构可以从事专业税务顾问、税收策划、涉税鉴证、纳税情况审查等涉税业务，出具的相关文书由税务师、注册会计师、律师签字，并承担相应的责任。

1. 纳税申报代理。对纳税人、扣缴义务人提供的资料进行归集和专业判断，代理纳税人、扣缴义务人进行纳税申报准备和签署纳税申报表、扣缴税款报告表以及相关文件。

2. 一般税务咨询。对纳税人、扣缴义务人的日常办税事项提供税务咨询服务。

3. 专业税务顾问。对纳税人、扣缴义务人的涉税事项提供长期的专业税务顾问服务。

4. 税收策划。对纳税人、扣缴义务人的经营和投资活动提供符合税收法律法规及相关规定的纳税计划、纳税方案。

5. 涉税鉴证。按照法律、法规以及依据法律、法规制定的相关规定要求，对涉税事项真实性和合法性出具鉴定和证明。

6. 纳税情况审查。接受行政机关、司法机关委托，依法对企业纳税情况进行审查，作出专业结论。

7. 其他税务事项代理。接受纳税人、扣缴义务人的委托，代理建账记账、发票领用、减免退税申请等税务事项。

8. 其他涉税服务。包括前 7 项未规定的涉税服务事项，如涉税业务培训等。

第二节　涉税专业服务发展历程

我国的涉税专业服务是由税务咨询、税务代理服务发展而来。随着我国税制改革的不断深化，越来越多的纳税人选择涉税专业服务机构为其提供专业服务，涉税专业服务市场得到了长足发展。同时，税务机关逐步完善行业监管制度，促进涉税专业服务行业市场健康发展。

一、试点推行期（1992 年 9 月—1995 年 12 月）

1992 年 9 月，《中华人民共和国税收征收管理法》及其实施细则出台，规定纳税人、扣缴义务人可以委托税务代理人代为办理税务事宜，首次以法律形式确立了税务代理制度，为税务代理业务的开展提供了法律依据。1994 年 9 月，国家税务总局依据《中华人民共和国税收征收管理法》及其实施细则，制定颁发了《税务代理试行办法》，明确了税务代理的业务范围，标志着税务代理进入全面试行阶段。

1992 年，国家税务总局在征管司下设代理处。各省、自治区、直辖市国家税务局牵头，与地方税务局共同组成税务师资格审查委员会，负责日常管理工作的办事机构暂设在国家税务局的征管处。同时确定了辽宁、吉林、大连等 10 个试点城市。试点地区在当时的税务咨询人员、注册会计师、审计师、律师中，考核认定了一批税务师，这部分税务师成为中国第一批真正意义上的税务代理人。

1995 年 11 月，国家税务总局制发了《关于进一步做好税务代理的紧急通知》(国税发〔1995〕215号),进一步明确了税务师资格审查委员会履行税务师资格的审查、税务代理机构的审批及对税务代理人进行监督管理的职责。同时,明确了税务代理与税务机关的关系,即税务代理是社会中介服务行业,税务机关是对税务代理行业实施行政管理的机关。

二、建章立制期(1996年1月—1999年12月)

随着税制改革和税收征管改革的深化,税收制度日趋完善,税务代理行业形成了一定的规模,业务范围由代理纳税申报、建账记账、代办减免税手续等代办性业务,逐步向节税筹划、纳税争议听证等业务拓展,税务代理行业管理的各项规章制度逐步建立。

1. 注册税务师制度建立和发展。1996年11月,国家税务总局和人事部联合颁发了《注册税务师资格制度暂行规定》(人发〔1996〕116号),首次建立了注册税务师资格制度,并明确将注册税务师制度纳入国家执业资格准入制度的控制范畴。规定了注册税务师资格的考试、取得、执业、注册、权利义务、业务范围与责任,对从事税务代理活动的专业技术人员实行注册登记制度,取得注册税务师执业资格证书并注册的人员,方可从事税务代理活动。

1998年3月,人事部、国家税务总局印发了《关于实施注册税务师资格认定考试工作的通知》(人发〔1998〕18号)。5月,对长期从事税务代理业务的人员进行注册税务师资格认定考试,产生了我国第一批注册税务师。1999年1月,人事部、国家税务总局印发《注册税务师执业资格考试实施办法》(人发〔1999〕4号),将考试科目设定为税法一、税法二、财务与会计、税收相关法律、税务代理实务等5个科目。1999年4月,国家税务总局印发《注册税务师注册管理暂行办法》(国税发〔1999〕79号),规定了注册税务师申请执业应具备的条件、递交的材料、注销、年检等事宜。1999年6月,全国注册税务师执业资格考试首次举行。

2. 税务师事务所审批制度建立。1999年10月,国家税务总局印发《有限责任税务师事务所设立及审批暂行办法》和《合伙税务师事务所设立及审批暂行办法》(国税发〔1999〕192号),建立了税务师事务所设立的审批管理制度。规定纳税人、扣缴义务人委托代理事项,由税务师事务所统一受理,并与委托人签定委托合同。注册税务师不得以个人名义承接代理业务。

3. 脱钩改制。1997年1月,国务院办公厅转发《国家税务总局深化税收征管改革方案的通知》（国办发〔1997〕1号）提出，税务机关不得以任何形式从事税务代理，已建立的税务代理实体，必须与税务机关脱钩。1997年11月，国家税务总局注册税务师管理中心正式成立，代表国家税务总局对注册税务师行业行使管理职能。1998年，各省、自治区、直辖市和计划单列市国家税务局、地方税务局联合成立注册税务师管理工作领导小组和注册税务师管理中心。《注册税务师注册管理暂行办法》进一步规定，国家税务总局及其授权的省、自治区、直辖市和计划单列市注册税务师管理机构为中华人民共和国注册税务师注册管理机关，具体负责办理注册及管理事宜。1999年8月，为认真贯彻党中央关于党政机关与所办经济实体彻底脱钩的规定，国家税务总局开始全面清理税务机关兴办或挂靠的税务代理机构，实行彻底脱钩。1999年12月，国家税务总局明确了省注册税务师管理中心和省注册税务师协会实行两块牌子、一套办事机构，同时行使行政管理和行业自律管理两种职能。

三、规范发展期（2000年1月—2014年7月）

经过前期税务代理制度的建立和逐步完善，税务代理机构与税务机关关系得到进一步明确，税务代理机构与税务机关脱钩，逐渐走上市场化道路，国家税务总局对税务代理行业实行资格准入制，税务代理行业进入了规范发展时期。

1. 资格准入制。2003年6月，国家税务总局注册税务师管理中心印发《关于注册税务师管理有关问题的通知》，规定了"税务代理行业属于资格准入控制行业，只有注册税务师才有资格作为发起人、出资人，申请设立税务师事务所"等事项。2005年12月，国家税务总局印发《注册税务师管理暂行办法》（国家税务总局令第14号公布，以下简称《暂行办法》），明确了注册税务师是在中华人民共和国境内依法取得注册税务师执业资格证书，从事涉税服务和鉴证业务的专业人员。注册税务师执业，应当加入税务师事务所。《暂行办法》进一步明确了注册税务师执业资格考试和备案等内容。

2. 业务范围。2004年8月，国家税务总局印发《关于进一步规范税收执法和税务代理工作的通知》（国税函〔2004〕957号），将税务师事务所从事的业务分为代理类和经济鉴证类，首次提出涉税鉴证的概念。2005年8月，国家税务总局颁布了《企业财产损失所得税税前扣除管理办法》（国家税务总局令

2005年第13号),涉税鉴证业务在我国开始正式出现。《暂行办法》进一步将税务师事务所的业务整合为涉税服务业务和涉税鉴证业务两大类,其中,涉税服务业务包括:代办税务登记、纳税和退税、减免税申报、建账记账,增值税一般纳税人资格认定申请,利用主机共享服务系统为增值税一般纳税人代开增值税专用发票,代为制作涉税文书,以及开展税务咨询(顾问)、税收筹划、涉税培训等。涉税鉴证业务包括:企业所得税汇算清缴纳税申报的鉴证、企业税前弥补亏损和财产损失的鉴证、国家税务总局和省税务局规定的其他涉税鉴证业务等。

3. 行政监管。《暂行办法》要求税务机关应当加强对税务师事务所及注册税务师的执业情况的监督和检查。将税务师事务所的概念界定为依法设立并承办法律、法规、规章规定的涉税服务和鉴证业务的社会中介机构,并由注册税务师出资设立。规范了注册税务师的权利和义务,进一步明确了税务师事务所设立审批及合并、变更、注销备案等内容,并对注册税务师和税务师事务所执业规则、违法违规行为及其罚则进行了详细规定。2006年4月,地(市)、县级税务机关在征管部门指定人员负责本地区注册税务师行业的行政监管工作。2007年4月,国家税务总局印发《关于有限责任税务师事务所设立分所有关问题的通知》(国税发〔2007〕47号),明确国家税务总局负责税务师事务所分所的设立审批。2009年12月,国家税务总局印发《注册税务师执业基本准则的通知》(国税发〔2009〕149号),对从事涉税鉴证业务和涉税服务业务的注册税务师及其所在的税务师事务所的执业行为进行了规范。2008年,国家税务总局撤销了注册税务师管理中心,将注册税务师行业管理工作划分为两部分,一部分是制度建设,由国家税务总局纳税服务司设置制度处负责;另一部分是考试工作,由国家税务总局教育中心负责。2010年9月,国家税务总局发布《税务师事务所职业风险基金管理办法》(国家税务总局公告2010年第14号),规定税务师事务所应当按照规定提取和使用职业风险基金。

4. 行业自律。2003年8月,中国税务咨询协会经国务院批准更名为中国注册税务师协会。《暂行办法》进一步明确注册税务师协会是由注册税务师和税务师事务所组成的行业自律性社会团体。中国注册税务师协会和省级注册税务师协会分别是注册税务师和税务师事务所的全国组织和地方组织;注册税务师协会应依法取得社会团体法人资格;注册税务师应当加入注册税务师协会。并规定各级税务机关是注册税务师行业的业务主管部门,分别委托各自所属的注册税务师管理中心行使对注册税务师和税务师事务所的行政管理职能，并监督、指导注册税务师协会的工作。

四、改革新时期（2014年7月至今）

党的十八大以来，党中央、国务院加快转变政府职能，深化行政审批制度改革，推动政府治理体系现代化。在国务院推进行政审批制度改革过程中，2014年8月，注册税务师职业资格由准入类调整为水平评价类，"注册税务师执业核准"取消。2015年，人力资源社会保障部、国家税务总局印发了《税务师执业资格制度暂行规定》和《税务师职业资格考试实施办法》（人社部发〔2015〕90号），规定："国家设立税务师水平评价类职业资格制度，面向社会提供税务专业人员能力水平评价服务，纳入全国专业技术人员职业资格证书制度统一规划。税务师英文为：Tax Advisor（简称TA）。人力资源社会保障部、国家税务总局共同负责税务师职业资格制度的政策制定，并按职责分工对税务师职业资格制度的实施进行指导、监督和检查。全国税务师行业协会具体承担税务师职业资格考试的评价与管理工作"。同年，"税务师事务所设立审批"被调整为"具有行政登记性质的事项"。为落实党中央、国务院行政审批制度改革要求，2017年，国家税务总局发布了《涉税专业服务监管办法（试行）》（国家税务总局公告2017年第13号发布，2019年第43号修改），之后又陆续发布了《税务师事务所行政登记规程（试行）》（国家税务总局公告2017年第31号）、《国家税务总局关于采集涉税专业服务基本信息和业务信息有关事项的公告》（国家税务总局公告2017年第49号发布，2019年第43号修改）、《涉税专业服务信用评价管理办法（试行）》（国家税务总局公告2017年第48号发布，2019年第43号修改）、《涉税专业服务信息公告与推送办法（试行）》（国家税务总局公告2017年第42号）等一系列配套文件，逐步构建起涉税专业服务监管制度体系。2023年，国家税务总局发布了《涉税专业服务基本准则（试行）》和《涉税专业服务职业道德守则（试行）》（国家税务总局公告2023年第16号），明确了从事涉税服务人员的基本遵循、业务承接和实施、职业道德守则等具体内容，进一步完善了涉税专业服务监管制度。

第三节 我国涉税专业服务监管实践

涉税专业服务监管制度的建立严格落实了"放管服"改革的要求,全面开放了涉税专业服务市场,界定了涉税专业服务业务范围;确定了监管主体为税务机关,除对税务师事务所进行行政监管外,对其他涉税专业服务机构就其涉税服务行为进行监管;创新了系列监管措施,构建了事前登记、事中留痕、事后评价的监管制度体系。此外,还规定了为涉税专业服务机构提供便利化服务的相关内容。

涉税专业服务监管措施主要包括税务师事务所的行政登记管理、涉税专业服务实名制管理(基本信息采集)和业务信息采集、涉税报告和文书留存备查、涉税专业服务信用评价管理、检查(调查)实施、信息公告和推送、违法违规行为处理、行业自律等。

一、税务师事务所行政登记管理

2017年,《税务师事务所行政登记规程(试行)》(国家税务总局公告2017年第31号)建立新的税务师事务所行政登记管理制度,规定了税务师事务所行政登记条件及办理规程等内容。2018年,《国家税务总局关于税务师事务所行政登记有关问题的公告》(国家税务总局公告2018年第4号)对税务师事务所、科技及咨询机构成为税务师事务所的股东进行了规定。

(一)税务师事务所行政登记的概念

税务师事务所行政登记是指税务机关对在商事登记名称中含有"税务师事务所"字样的行政相对人进行书面记载的行政行为。税务机关对符合条件的行政相对人予以行政登记,颁发《税务师事务所行政登记证书》。未经行政登记不得使用"税务师事务所"名称,不能享有税务师事务所的合法权益。

税务师事务所行政登记机关为省税务机关纳税服务部门;国家税务总局对省税务机关办理税务师事务所行政登记进行监督。

(二)税务师事务所行政登记管理现状

与《税务师事务所行政登记规程(试行)》发布同步,国家税务总局在金税三期系统搭建了税务师事务所行政登记系统。行政相对人可以到税务机关纳税服务部门现场办理行政登记，也可以通过电子税务局进行"非接触式"办理，北京等地还实现了电子证书发放功能，大大提高了行政登记办理效率。

行政登记后，税务师事务所基本信息和有资格人员信息自动采集到涉税专业服务管理信息库，税务师事务所其他信息，如是否加入行业协会接受行业自律管理等信息和其他从事涉税服务人员信息可以通过金税三期信息系统进行补充采集，这样税务机关能够清楚掌握税务师事务所及其从事涉税服务人员情况。截至2023年9月，全国有1万多家税务师事务所纳入税务机关管理，其中，执业的税务师5万余人，从事涉税服务人员约11万人。

（三）主要内容

1. 符合行政登记条件。

《税务师事务所行政登记规程（试行）》对税务师事务所的组织形式、名称字号、合伙人或股东的构成、法定代表人的担任、从事涉税服务人员执业等方面进行了规定。一是税务师事务所的组织形式有两种，合伙制和有限责任制。组织形式为合伙制的税务师事务所还可以分为普通合伙和特殊普通合伙。二是税务师事务所的合伙人或者股东必须由税务师、注册会计师、律师担任，为了保持其专业性，其中税务师占比要高于50%。三是组织形式为有限责任制的税务师事务所，其法定代表人要由股东担任。四是税务师、注册会计师、律师不能同时在两家以上的税务师事务所担任合伙人、股东或者从业。五是新设立的税务师事务所，其字号不能与已经行政登记的税务师事务所字号重复。六是税务师事务所设立税务师事务所分所时，分所的负责人要由总所的合伙人或者股东担任。

同时，对符合条件的税务师事务所和从事涉税专业服务的科技、咨询公司可以担任税务师事务所的合伙人或者股东的条件进行了规定：符合条件的税务师事务所的执行事务合伙人或者法定代表人由税务师担任，从事涉税专业服务的科技、咨询公司由税务师或税务师事务所的合伙人（股东）发起设立，法定代表人由税务师担任；不管是税务师事务所还是从事涉税专业服务的科技、咨询公司都要符合在前3年内未因涉税专业服务行为受到税务行政处罚；此外还应符合法律行政法规和国家税务总局规定的其他条件。

2. 办理时限及其他规定。

（1）办理时限。税务师事务所办理商事登记后，应当自取得营业执照之日起20个工作日内，向省税务机关提交办理税务师事务所（分所）行政登记的资料，办理税务师事务所行政登记。税务师事务所的名称、组织形式、经营场所、合伙人或者股东、执行事务合伙人或者法定代表人等事项发生变更的，应当自办理市场主体变更之日起 20 个工作日内办理行政登记变更。税务师事务所注销市场主体登记前，应当办理终止行政登记。

（2）公示和公告。在发放行政登记证书前，税务机关需要在门户网站对税务师事务所名称、合伙人或者股东、执行事务合伙人或者法定代表人、职业资格人员等相关信息进行不少于 5 个工作日的公示，接受公众监督。公示期满无异议或者公示期内有异议、但经调查异议不实的，予以行政登记，否则不予行政登记。税务师事务所行政登记、变更行政登记、终止行政登记办理完成后，税务机关在门户网站、电子税务局和办税服务场所对税务师事务所行政登记、行政登记变更、行政登记终止等情况进行公告。

（3）行政登记无效和失效。对于已经注销市场主体登记，但未办理终止行政登记的税务师事务所（分所），税务机关公告宣布税务师事务所行政登记失效。对以欺骗、贿赂等不正当手段取得《税务师事务所行政登记证书》的税务师事务所，税务机关宣布税务师事务所行政登记无效并公告。

（四）税务师行业自律管理

税务机关是税务师行业协会的业务主管部门，国家税务总局对中国注册税务师协会负有监督指导职能，各省税务机关对省注册税务师协会负有监督指导职能。税务机关可以委托行业协会对涉税专业服务机构从事涉税专业服务的执业质量进行评价。全国税务师行业协会负责拟制涉税专业服务业务规范（准则、规则），报国家税务总局批准后施行。

中国注册税务师协会和各省注册税务师协会是税务师行业自律管理的社会组织。我国税务师行业协会建立了较为完善的行业自律制度体系。行业自律管理在提高行业服务能力，促进行业健康发展方面发挥了重要的作用。

税务师行业协会依据行业规范指引，规范税务师事务所和个人会员的涉税服务行为，要求税务师事务所及其从事涉税服务人员必须遵守行业规范指引，按照合法合理、客观独立、诚实守信的原则为纳税人提供涉税服务。

二、涉税专业服务实名制管理和业务信息采集

（一）实名制管理

1. 实名制管理的概念。

涉税专业服务机构（人员）实名制管理是指在实名办税前提下，涉税专业服务机构向税务机关报送涉税专业服务机构及其从事涉税服务人员的基本信息、业务委托协议要素信息等。涉税专业服务实名制管理是实名办税的组成部分，是涉税专业服务监管的基础和前提。

报送的市场主体包括已经行政登记的税务师事务所、从事涉税专业服务的会计师事务所、律师事务所、代理记账机构、税务代理公司、财税类咨询公司等机构。税务师事务所必须经行政登记后才能使用"税务师事务所"名称，因此，税务师事务所报送和变更基本信息和职业资格人员信息的前提是完成税务师事务所行政登记和变更行政登记。

2. 实名信息内容。

涉税专业服务实名信息包括涉税专业服务机构基本信息以及从事涉税服务人员的姓名、身份证号、专业资格证书编号和与委托人签订的业务委托协议要素信息等。

(二) 业务信息采集制度

1. 业务信息采集制度的概念。

涉税专业服务业务信息采集制度是指涉税专业服务机构向税务机关报送年度报告信息和具有税务师事务所、会计师事务所、律师事务所资质的涉税专业服务机构向税务机关报送专项业务报告信息。

2. 业务信息内容。

业务信息分为年度报告和专项业务报告两类信息。年度报告即涉税专业服务机构从事涉税专业服务的年度总体情况；专项业务报告即税务师事务所、会计师事务所、律师事务所从事专业税务顾问、税收策划、涉税鉴证、纳税情况审查等业务由税务师、注册会计师、律师签字出具的文书报告。

(三) 提供资料及报送渠道

1. 提供的资料。基本信息包括《涉税专业服务机构（人员）基本信息采集表》《涉税专业服务协议要素信息采集表》。其中，业务委托协议原件由涉税专业服务机构和委托人双方留存备查。业务信息包括《年度总体情况表》《专项业务报告要素信息采集表》。

2. 报送时限。涉税专业服务机构（人员）基本信息应当于首次提供涉税专业服务前、基本信息发生变更的自变更之日起30日内办理信息报送和变更；暂时停止提供涉税专业服务的于完成或终止全部涉税专业服务协议后办理涉税专业服务中止；恢复提供涉税专业服务的，应当于恢复后首次提供涉税专业服务前办理涉税专业服务恢复。

委托协议要素信息于涉税专业服务机构首次为委托人提供业务委托协议约定的涉税服务前报送；业务委托协议发生变更或者终止的，应当自变更或者终止之日起 30 日内向主管税务机关办理变更。

年度报告于次年的 3 月 31 日前报送，专项业务报告信息于业务完成的次年 3 月 31 日前报送。专项业务报告的原件由涉税专业服务机构和委托人双方留存备查，除税收法律、法规及国家税务总局规定报送的外，无须向税务机关报送。

3. 报送渠道。为了减轻实体办税服务厅的负担，原则上要求涉税专业服务机构通过网上办税系统报送信息，因客观原因无法通过网上办税系统报送的，涉税专业服务机构可在非征期内通过实体办税服务厅办理（通过网上办税系统报送的，纸质资料留存备查）。税务机关在电子税务局实现了涉税专业服务信息报送功能，方便涉税专业服务机构报送基本信息和业务信息。

（四）建立涉税专业服务管理信息库

税务机关依托金税三期应用系统，建立涉税专业服务管理信息库，综合运用从金税三期核心征管系统采集的涉税专业服务机构和人员的基本信息和经纳税人（扣缴义务人）确认的实名办税信息，对涉税专业服务机构及其从事涉税服务人员实施分类管理；通过业务委托协议要素信息确立涉税专业服务机构及其从事涉税服务人员与纳税人（扣缴义务人）的代理关系，区分纳税人自有办税人员和涉税专业服务机构代理办税人员，实现对涉税专业服务机构及其从事涉税服务人员和纳税人（扣缴义务人）的全面动态实名信息管理，厘清纳税人和涉税专业机构各自应承担的责任和风险。

通过涉税专业服务基本信息和业务信息采集，税务机关既掌握了涉税专业服务的业务开展情况，又能够将涉税服务行为信息与提供涉税服务的涉税专业服务机构和从事涉税服务人员相关联。这些关联信息（包括行业惩戒信息）与在提供涉税服务过程中产生的税收征收管理信息就构成了涉税专业服务机构及其从事涉税服务人员的信用信息，从而可以进一步运用信用评价指标体系，对涉税专业服务机构及其从事涉税服务人员其进行信用评价和信用记录管理。

三、涉税专业服务信用评价管理

（一）涉税专业服务信用评价管理的概念

涉税专业服务信用评价管理是指对涉税专业服务机构从事涉税专业服务情况进行信用评价，对从事涉税服务人员的执业行为进行信用记录。涉税专业服务信用评价包括两部分，一是对涉税专业服务机构的信用评价，实行信用积分与信用等级相结合的方式；二是对从事涉税服务人员的信用记录，实行信用积分与执业负面记录相结合的方式。

（二）涉税专业服务信用评价体系

涉税专业服务信用评价管理制度，设置了信用评价指标和积分规则。根据2018年1月1日以来实际实施情况，2020年，国家税务总局对涉税专业服务机构的8个二级信用指标进行了修订。

1. 信用信息内容。涉税专业服务机构信用信息包括纳税信用、委托人纳税信用、纳税人评价、税务机关评价、实名办税、业务规模、服务质量、业务信息质量、行业自律、人员信用。

从事涉税服务人员信用信息包括基本信息、执业记录、不良记录、纳税记录。

2. 信息数据来源及采集方式。一是涉税专业服务机构报送的实名信息和业务信息，二是税收征管过程中和涉税专业服务监管过程中产生的信息，三是其他行业主管部门和行业协会公开的信息。

3. 信用评价指标类别。根据涉税专业服务机构的信用信息，对涉税专业服务机构设置了9大类、31小类（修订后）信用评价指标，包括上一评价周期信用情况、委托人纳税信用、纳税人和税务机关评价、实名办税、业务规模、服务质量、业务信息质量、行业自律、人员信用等指标。

根据从事涉税服务人员的信用信息，对从事涉税服务人员设置了共4大类27小类信用指标。包括基本信息、执业记录、不良记录、纳税记录等指标。

4. 涉税专业服务机构信用积分规则。涉税专业服务机构信用指标计分采取直接得分、基准分、直接扣分、直接加分四种方式。

（1）直接得分方式。适用于机构历史信用信息、机构日常执业行为的记录信息以及机构基本信息，修订后包括9小类指标。设定一定分值，根据机构相关信息直接计算得分，没有相关信息的，除"上一评价周期信用情况"按默认分值计算得分外，其他的指标既不加分，也不减分。

（2）基准分计分方式。主要适用于机构实名信息报送情况、遵守执业规范情况以及税务机关评价，包括16小类指标。设定一个基准分值，涉税专业服务机构无失信行为，得基准分，存在失信行为的，按给定的标准扣分。

（3）直接扣分计分方式。适用于税务师事务所行政登记和专项报告报送方面的失信行为以及受到行业惩戒的相关情况，包括6小类指标。不设置分值，机构无失信行为及未受到行业惩戒的，不扣分；存在失信行为或受到行业惩戒的，按给定的标准扣分。

（4）直接加分计分方式。适用于鼓励类指标，包括2小类指标。设定一定分值，按照积分标准直接加分，并设置积分上限。

5. 从事涉税服务人员信用积分规则。从事涉税服务人员信用指标计分采取直接得分、累计加分、累计扣分等三种方式。

（1）直接得分计分方式主要适用于基本信息指标，包括实名信息报送情况、涉税专业资格、接受行业自律管理、所属涉税专业服务机构信用等。

（2）累计加分计分方式主要适用于执业记录相关指标，包括从事涉税服务人员提供纳税申报代理、一般税务咨询、涉税鉴证等八项业务服务的次数。

（3）累计扣分计分方式适用于不良记录，包括从事涉税服务人员使用税务师事务所名称未办理行政登记的、报送的信用与实际不符等十四类行为。

累计扣分计分方式同时还适用于纳税记录指标，主要对从事涉税服务人员的纳税不遵从行为进行扣分。

（三）涉税专业服务信用评价

根据信用评价指标和积分规则，税务机关依托金税三期系统及其他税务信息系统，通过已建立的信用管理平台，自动抽取相关数据，对涉税专业服务机构进行信用评价，对从事涉税服务人员进行信用记录。

1. 涉税专业服务机构信用积分。涉税专业服务机构信用积分以每年的1月1日至12月31日为一个评价周期，信用积分为评价周期内的累计积分，下一个评价周期重新积分。

2. 涉税专业服务机构信用等级。经税务机关复核后，每年的4月30日前，税务信息系统自动将上一评价周期的信用积分生成涉税专业服务机构上一年度的信用等级；等级评价结果自产生之日起，有效期为一年。涉税专业服务机构信用等级分5个等级，为了区别于其他信用，用了英文缩写TSC（英文名称为

Tax Service Credit，缩写为 TSC）来表示。机构信用积分满分为 500 分，100 分以下的为 TSC1 级，以此类推，每高 100 分上升一个等级，最高 TSC5 级，为 400 分（含）到 500 分之间。

3. 从事涉税服务人员的信用记录在职业生涯内持续累计积分。

（四）信用积分公告和查询

1. 信用积分公告。涉税专业服务机构信用积分生成后，税务机关通过门户网站、电子税务局和办税服务场所按月（每月 10 日前）公告涉税专业服务机构信用积分情况，同时公告涉税服务失信名录、未经行政登记的税务师事务所。同时在自然人税收管理系统发布，方便自然人委托代理缴纳税费事宜。国家税务总局 12366 纳税服务平台统一发布，按信用积分高低排序，方便纳税人根据信用积分、服务户数等情况选择涉税专业服务机构为其提供服务。

2. 信用积分查询。涉税专业服务机构和从事涉税服务人员及其委托人可以查询信用积分情况，涉税专业服务机构可以查询机构自身的积分信用积分，委托人可以查询涉税专业服务机构信用积分，从事涉税服务人员可以查询自己的个人信用积分。

（五）信用评价结果异议复核

涉税专业服务机构和从事涉税服务人员对信用积分、信用等级和执业负面记录有异议的，可在信用积分和信用记录产生或结果确定后 12 个月内，提供相关资料及证明材料，书面向主管税务机关申请复核，税务机关于 30 个工作日内将复核结果告知申请人。

（六）纳入涉税服务失信名录

涉税专业服务机构和从事涉税服务人员存在《监管办法》第十四条、第十五条规定的违法违规行为，属于严重违法违规情形的，将被纳入涉税服务失信名录。是否属于严重违法违规情形由税务机关核实，核实无误后，告知当事人违法违规的事实、理由和依据，当事人无异议，列入失信名录；有异议的，应当自收到《税务事项通知书》之日起 10 个工作日内提出申辩理由，向税务机关申请复核。税务机关按照包容审慎原则，于 10 个工作日内完成复核工作，作出复核结论，并提供查询服务（纳入涉税服务失信名录期限 2 年，到期自动解除）。

（七）信用评价结果运用

税务机关根据涉税专业服务机构和从事涉税服务人员信用状况对其进行实施分类服务和管理。

1. 分级服务。为涉税专业服务信用等级高的涉税专业服务机构提供便利化服务。为达到 TSC5 级的涉税专业服务机构提供批量申报服务、开通纳税服务绿色通道；税务机关购买涉税专业服务时，同等条件下优先考虑达到 TSC5 级的机构；将信用等级高的涉税专业服务机构和信用记录好的从事涉税服务人员的信息向相关部门进行推送，实行联合激励。对达到 TSC4 级、TSC3 级的涉税专业服务机构，税务机关实施正常管理外，适时进行税收政策辅导，并视信用积分的变化，选择性地提供上述激励措施。

2. 分类管理。对涉税专业服务信用等级低的进行重点监控，对 TSC2 级、TSC1 级的涉税专业服务机构，采取以下措施：一是实行分类管理，对其代理的纳税人税务事项予以重点关注；二是列为重点监管对象；三是向其委托人主管税务机关推送风险提示；四是涉税专业服务协议要素信息采集，必须由委托人、受托人双方到税务机关现场办理。

对纳入涉税服务失信名录的涉税专业服务机构和从事涉税服务人员，予以公告。对其中符合《重大税收违法失信主体信息公布管理办法》第六条第九项、第十项规定的，向社会信用平台推送，向其委托人、委托人主管税务机关进行风险提示，不予受理其所代理的涉税服务业务。

将未纳入实名制管理的涉税专业服务机构信息向内部风险控制、征收管理、税政管理等部门推送，对风险高的涉税专业服务机构和人员进行风险预警、启动检查、调查、稽查等程序。

四、涉税专业服务违法违规处理

涉税专业服务监管制度对涉税专业服务机构及其从事涉税服务人员的违法违规行为进行了划分并明确了具体处理措施。违法违规行为包括违反涉税专业服务监管制度和违反税收法律法规的行为。税务机关视情节轻重，对存在违法违规行为的涉税专业服务机构及其从事涉税服务人员采取责令限期改正或予以约谈、列为重点监管对象；降低信用等级或纳入信用记录、暂停受理或不予受理其所代理的涉税业务、纳入涉税服务失信名录、予以公告并向社会信用平台推送等措施。

(一)违反涉税专业服务监管制度的行为及处理措施

1. 违反涉税专业服务监管制度的行为。主要包括使用税务师事务所名称未办理行政登记；未按照办税实名制要求提供涉税专业服务机构和从事涉税服务人员实名信息；未按照业务信息采集要求报送从事涉税专业服务有关情况；报送信息与实际不符；拒不配合税务机关检查、调查；其他违反税务机关监管规定的行为。税务师事务所使用税务师事务所名称未办理行政登记且逾期不改正的，省税务机关可以提请市场监管部门吊销其营业执照。

2. 处理措施。涉税专业服务机构及其从事涉税服务人员有违反涉税专业服务监管行为的，税务机关可以采取责令限期改正或予以约谈等措施；逾期不改正的，由税务机关降低信用等级或纳入信用记录，暂停受理所代理的涉税业务（暂停时间不超过6个月）；情节严重的，由税务机关纳入涉税服务失信名录，予以公告并向社会信用平台推送，其所代理的涉税业务，税务机关不予受理。

(二)违反税收法律法规的行为及处理措施

1. 违法违规行为。包括违反税收法律、行政法规，造成委托人未缴或者少缴税款，按照《中华人民共和国税收征收管理法》及其实施细则相关规定被处罚的；未按涉税专业服务相关业务规范执业，出具虚假意见的；采取隐瞒、欺诈、贿赂、串通、回扣等不正当竞争手段承揽业务，损害委托人或他人利益的；利用服务之便，谋取不正当利益的；以税务机关和税务人员的名义敲诈纳税人、扣缴义务人的；向税务机关工作人员行贿或者指使、诱导委托人行贿的；其他违反税收法律法规的行为等。

2. 处理措施。涉税专业服务机构及其从事涉税服务人员有违反税收法律法规等行为，税务机关可以采取列为重点监管对象、降低信用等级或纳入信用记录、暂停受理所代理的涉税业务（暂停时间不超过6个月）等措施；对于情节较重的，由税务机关纳入涉税服务失信名录，予以公告并向社会信用平台推送，其所代理的涉税业务，税务机关不予受理；对于情节严重的，其中，税务师事务所由省税务机关宣布《税务师事务所行政登记证书》无效，提请市场监管部门吊销其营业执照，提请全国税务师行业协会取消税务师职业资格证书登记、收回其职业资格证书并向社会公告，其他涉税服务机构及其从事涉税服务人员由税务机关提请其他行业主管部门及行业协会予以相应处理。

本章思考题

1. （论述题）涉税专业服务制度建立的背景和意义。
2. （简答题）什么是涉税专业服务实名制管理，具体包括哪些内容？
3. （简答题）如何对涉税专业服务机构进行分类管理和分级服务？具体措施有哪些？

第七章　优化税收营商环境

【学习目标】了解营商环境和税收营商环境概念、建设背景和意义、《优化营商环境条例》、国内外营商环境和税收营商环境实践及发展趋势等知识，掌握营商环境和税收营商环境的体系框架、优化营商环境的理念、优化税收营商环境的思路和工作方法。

第一节　营商环境

一、营商环境的概念

营商环境是一个国家或地区经济发展软实力的重要体现和核心竞争力的重要构成，起源于世界银行集团国际金融公司（以下简称世界银行）的项目调查。2001年，世界银行提出构建企业营商环境指标体系，评估企业在日常发展中进行的经济活动情况，衡量指标覆盖企业生命周期的10个领域：开办企业、办理施工许可、获得电力、登记财产、获得信贷、保护投资者、纳税、跨境贸易、执行合同和办理破产等。2021年9月16日，世界银行发表声明，决定停发《营商环境报告》，将研究制定评估营商和投资环境的新方法。2022年，世界银行陆续对外发布新一轮营商环境评估初步概念书、终版概念书，重新设定评价范围和评价内容。2023年3月，世界银行将新一轮评估体系正式更名为营商环境成熟度体系（Business-Ready，简称B-READY），并于5月正式发布B-READY评估体系的方法论手册和操作指南。B-READY评估体系强调以企业为中心，基于法律法规的质量、公共服务和效率三大支柱，分别考察市场准入、获取经营场所、市政公用设施服务、劳工、获取金融服务、国际贸易、纳税、解决商业纠纷、促进市场竞争和办理破产等10个指标。

从国内看，2020年1月1日正式实施的《优化营商环境条例》（中华人民共和国国务院令第722号）（以下简称《条例》）指出，营商环境是指企业等市场主体在市场经济活动中所涉及的体制机制性因素和条件。《条例》明确优化营商环境工作应当坚持市场化、法治化、国际化原则，以市场主体需求为导向，以深刻转变政府职能为核心，创新体制机制、强化协同联动、完善法治保障，为各类市场主体投资兴业营造稳定、公平、透明、可预期的良好环境。

二、推进营商环境建设的背景

改革开放40多年来，我国经济飞速发展，进入新时代后，我国经济发展从注重速度向注重质量转变，现阶段正是改变经济发展模式和重塑经济结构的关键时期，也是实现我国经济高质量发展的重要时期。党的十八大以来，习近平总书记强调，要改善投资和市场环境，加快对外开放步伐，降低市场运行成本，营造稳定公平透明、可预期的营商环境，加快建设开放型经济新体制，推动我国经济持续健康发展。为优化营商环境，促进经济的高质量发展，国务院也多次安排部署优化营商环境工作并出台《条例》。

近年来，我国持续深化"放管服"改革，加快政府职能转变，激发市场主体活力和发展内生动力，不断优化营商环境"软"环境，持续提升发展"硬"实力。世行营商环境评价体系也持续推动我国营商环境建设，为提高我国在国际市场竞争力发挥重要作用。世界银行颁布的《2020年营商环境报告》显示，中国营商环境排名为31位，较之前有所上升，但在获得信贷、办理破产、跨境贸易等方面得分仍不高。

三、推进营商环境建设的意义

"十四五"时期是我国全面建成小康社会、实现第一个百年奋斗目标之后，乘势而上开启全面建设社会主义现代化国家新征程、向第二个百年奋斗目标进军的第一个五年，我国将进入新发展阶段，国内外环境的深刻变化带来一系列新机遇新挑战。无论从底线思维还是战略思维角度衡量，优化营商环境都具有特殊重要意义，未来的竞争，从一定意义上说是营商环境大比拼，国际竞争也是营商环境竞争①。

(一) 优化营商环境是提升竞争力的重要法宝

地区间发展差距,表面看是经济数据的差距、企业数量和质量的差距,实际上更多是营商环境的差距。一个地方的营商环境怎么样,企业最有发言权。优化营商环境提倡以市场主体和群众需求为导向,细化量化政务服务标准,压缩自由裁量权,同一事项实行无差别受理、同标准办理;推行当场办结、一次办结、限时办结等制度,实现集中办理、就近办理、网上办理、异地可办;大力推行关联事项"打包办"、高频事项"提速办"、所有事项"简便办",推进政务服务标准化、智能化、便利化等。这都充分说明,优化营商环境对于建设现代化经济体系、实现新旧动能转换、推动经济高质量发展,具有十分重要的意义。

(二) 优化营商环境有利于吸引聚集发展要素

推进经济高质量发展,就是要在保持经济一定增速的基础上,坚持质量第一、效益优先,这就需要通过深化改革,营造市场机制有效、宏观调控有度的公平高效的营商环境。未来经济社会发展将依靠创新红利、人才红利、制度红利来驱动。在这一大背景下,营造公平高效、诚实守信、民主法治、稳定有序并且可预期的营商环境,已成为推进区域经济高质量发展的必然选择。而良好的营商环境,有利于吸引资金、技术、人才等各类发展要素的流入与集聚,促进区域经济从传统的成本优势向以品牌、资本、技术、服务、人才为核心的综合竞争优势转变,进而对经济增长、产业发展、财税收入、社会就业等产生重要影响。放眼全国,从沿海发达地区到内陆省份,无一不把优化营商环境作为加快发展的制胜法宝,通过比速度、比效率、比服务,千方百计吸引企业投资,想方设法整合资源要素,竭尽全力优化营商环境。

(三) 优化营商环境有利于激发各类市场主体活力

良好的营商环境是激发各类市场主体活力、促进经济高质量发展的必要条件,也是国家治理现代化的一个显著标志。在良好的营商环境中,政府与市场界限清晰、市场机制有效、调控监管有度、办事流程规范,这些都有利于降低市场主体制度性交易成本,提升市场准入便利化水平,使得区域内市场主体留得住发展好。在良好的营商环境中,坚持以开放促改革,主动对标国际先进水

---

① 张占斌. 优化营商环境的特殊意义未来的国际竞争,从一定意义上讲就是营商环境的大比拼[J]. 财经界, 2021,(1): 20-21.

平，加强与国际通行经贸规则对接，着力推动规则、规制、管理、标准制度型开放，推进丝绸之路经济带核心区建设。在良好的营商环境中，提升法治化水平可以为企业提供公正、稳定、可预期的重要保障。

四、优化营商环境条例

（一）《条例》制定背景①

1. 增强微观主体活力。经济社会发展的动力，源于市场主体的活力和社会的创造力。通过法治化手段持续优化营商环境，最大限度激发微观主体创业创新创造的活力，有利于把微观主体发展动力更好转化为经济发展的新动能，对于稳定经济增长、促进就业具有重要意义。

2. 持续深化改革。我国营商环境还存在一些问题和短板，必须在深化改革上有更大突破、在优化营商环境上有更大进展。《条例》从完善体制机制的层面作出相应规定，进一步推进"放管服"改革的系统集成、高效协同，有利于加快营造市场化法治化国际化营商环境。

3. 巩固改革成果。总结近年来我国优化营商环境的经验和做法，把解决体制性障碍、机制性梗阻、政策性创新取得的改革成果，把实践证明行之有效的改革举措，用法规制度固定下来，有利于为深化改革提供法治支撑和保障。

（二）《条例》主要特点

1. 既全面系统，又突出重点。《条例》共7章72条，围绕贯彻新发展理念、正确处理政府和市场的关系、完善社会主义市场经济体制等进行了有针对性的制度设计，对"放管服"改革的关键环节确立了基本规范。同时，聚焦突出问题，重点围绕强化市场主体保护、净化市场环境、优化政务服务、规范监管执法、加强法治保障等5个方面，明确了一揽子制度性解决方案，推动各级政府深化改革、转变职能。

2. 既有原则规定，又有具体要求。《条例》围绕建立健全公平开放透明的市场规则进行了制度设计。比如，明确国家依法保障各类市场主体公平参与市场竞争，平等对待内资企业、外商投资企业等各类市场主体，健全公开透明的监管规则和标准体系。同时，对压减企业开办时间、简化企业注销流程等反映

---

① 参见：《以政府立法为各类市场主体投资兴业提供制度保障——司法部、发展改革委负责人就〈优化营商环境条例〉有关问题答记者问》，https://www.gov.cn/zhengce/2019-10/23/content_5444250.htm

强烈的问题都作了具体的规定，在实践中便于操作，有助于切实提升市场主体的获得感。比如，针对企业开办，《条例》明确在国家规定的企业开办时限内，各地区应当确定并公开具体办理时间。

3. 既集成实践经验，又注重汇聚众智。《条例》参考辽宁、吉林、黑龙江、河北、陕西、天津等省市先行先试出台的地方性法规，是近年来优化营商环境实践经验的集成和集体智慧的结晶。在《条例》起草过程中，国家发改委会同司法部，广泛征求 60 个中央有关部门、37 个地方政府、11 个研究机构、37 家行业协会商会和 5 个民主党派中央共计 150 个单位的意见，还召开 17 场专题会，听取 150 家内外资企业、50 个城市分管市领导、50 位人大代表和政协委员以及美国驻华商会、欧盟驻华商会等机构的意见，并向社会公开征求意见，这为良法善治奠定坚实基础。

（三）《条例》主要内容

1. 市场主体保护。《条例》明确规定国家平等保护各类市场主体，保障各类市场主体依法平等使用各类生产要素和依法平等享受支持政策，保护市场主体经营自主权、财产权和其他合法权益，推动建立全国统一的市场主体维权服务平台等。

2. 市场环境。《条例》对压减企业开办时间、保障平等市场准入、维护公平竞争市场秩序、落实减税降费政策、规范涉企收费、解决融资难融资贵、简化企业注销流程等作了规定。

3. 政务服务。《条例》对推进全国一体化在线政务服务平台建设、精简行政许可和优化审批服务、优化工程建设项目审批流程、规范行政审批中介服务、减证便民、促进跨境贸易便利化、建立政企沟通机制等作了规定。

4. 监管执法。《条例》对健全监管规则和标准，推行信用监管、"双随机、一公开"监管、包容审慎监管、"互联网+监管"，落实行政执法公示、行政执法全过程记录和重大行政执法决定法制审核制度等作了规定。

5. 法治保障。《条例》对法律法规的立改废和调整实施，制定法规政策听取市场主体意见，为市场主体设置政策适应调整期，完善多元化纠纷解决机制、加强法治宣传教育、推进公共法律服务体系建设等作了规定。

第二节　税收营商环境

一、2013—2022 年期间税收营商环境发展历程

良好的营商环境是一个国家或地区经济软实力的重要体现，也是提高综合竞争力的重要方面。我国政府高度重视营商环境建设，2013 年以来，不断深化营商环境重点领域改革，推动政府职能向"减审批、强监管、优服务"转变，倾力打造市场化、法治化、国际化一流营商环境。税收营商环境作为一个国家或地区营商环境的重要组成部分，是企业遵从税法规定、合理纳税的政策和监管环境条件，是企业投资与决策的重要参考指标。十年来，税务部门一直致力于推动市场化、法治化、国际化的税收营商环境建设，通过聚力数字化升级和智能化改造两大支点，夯实精确执法、精细服务、精准监管、精诚共治四个基础，为实现高质量发展营造了良好的税收营商环境。

（一）规范探索阶段（2013—2015 年）

我国政府持续加快政府职能转变，推动营商环境持续提档升级。税务部门结合国情税情深入探索税收改革路径，打造具有鲜明税务特色的"便民办税春风行动"服务品牌，建立全国性业务规范，提供标准化的办税服务，不断优化税收营商"软"环境，持续增强发展"硬"实力。

（二）高效突破阶段（2016—2018 年）

优化营商环境改革按下"快进键"。税务部门顺利完成省级及以下国税地税机构合并，高度整合服务资源，有效提升征管效能。同时，紧扣"减环节、减次数、简流程、简资料、降门槛、降成本"等要点发力，在简政放权上做好"减法"，在后续管理上做好"加法"，在优化服务上做好"乘法"。

（三）智能跨越阶段（2019—2022 年）

我国正式实施《优化营商环境条例》，对优化营商环境提出了更高要求。税务部门紧紧围绕《优化营商环境条例》部署要求，积极谋划推进智慧税务建设；推广数字化电子发票应用、多元化网上办税渠道、精准化政策辅导推送，不断提高办税缴费效率；深化税收大数据在社会治理中的深层应用，推动建立集精确执法、精细服务、精准监管、精诚共治于一体的现代化税收征管服务体系，有力保障税收营商环境实现大幅飞跃。

税收营商环境的发展历程，彰显税务部门上下协力同心、勇于攻坚克难、坚持便民利民、积极服务国家高质量发展的责任担当。十年来，税务部门牢牢把握数字经济发展新机遇，积极推动大数据、云计算、区块链、人工智能等新技术与税收业务加速融合，推广智慧服务，深化智慧监管，打造智慧治理，持续构建高集成功能、高安全性能、高应用效能的智慧税务，提升整体性、集成性和智能性税收治理能力，高标准推进智能化税收营商环境。十年来，税收营商环境改革成效显著，形成覆盖企业全生命周期的税费服务体系，持续增强经营主体获得感和满意度。

二、税收营商环境改革主要内容

（一）税收法治

税务部门深入学习贯彻习近平法治思想，健全税收法律制度体系，严格规范公正文明执法，尊重和保障纳税人权利，推动构建稳定、公平、透明的法治化税收营商环境。

1.健全税收法律制度体系。

（1）推动税费立法，提高税收制度确定性。我国18个税种中，包括企业所得税、个人所得税、车船税、环境保护税、烟叶税、船舶吨税、耕地占用税、车辆购置税、资源税、城市维护建设税、契税、印花税在内的12个税种相继完成立法，① 增值税、消费税等税种立法工作正在稳步推进。

【优化实践】

十年来我国税收立法成果

2016年——《中华人民共和国环境保护税法》

2017年——《中华人民共和国烟叶税法》《中华人民共和国船舶吨税法》

2018年——《中华人民共和国耕地占用税法》《中华人民共和国车辆购置税法》

2019年——《中华人民共和国资源税法》

2020年——《中华人民共和国城市维护建设税法》《中华人民共和国契税法》

---

① 编者注：2024年4月26日第十四届全国人民代表大会常务委员会第九次会议通过了《中华人民共和国关税法》。截至本书出版时，我国现行税种中已有13个税种完成立法。

2021年——《中华人民共和国印花税法》

（2）优化征管制度，提高税收制度稳定性。税务部门推动以《中华人民共和国税收征收管理法》为统领，包括《中华人民共和国税收征收管理法实施细则》《中华人民共和国发票管理办法》等行政法规在内的中国税收征管法律制度体系全面建立。

（3）完善文件制定，提高税收制度规范性。国家税务总局不断完善部门规章和规范性文件的制定和管理制度。2019年，先后修订《税务部门规章制定实施办法》《税务规范性文件制定管理办法》，明确部门规章和规范性文件制定管理的具体规定；2021年，再次修订《税务规范性文件制定管理办法》，建立税务规范性文件权益性审核机制，切实加强税务规范性文件权益性审核、合法性审核、合规性评估及公平竞争审查，确保制定发布的税务规范性文件合法合规。

2. 严格规范公正文明执法。

（1）规范裁量基准，提升执法公平性。2016年，国家税务总局制发《税务行政处罚裁量权行使规则》；2021年，国家税务总局发布两批14项税务行政处罚"首违不罚"事项清单，税务行政处罚自由裁量基准更加明确，税收执法公平性进一步提升。截至2022年，中国长三角、京津冀、川渝、东北、甘青等地出台区域统一的裁量基准，有效避免地域间执法不统一、"类案不同罚"的问题。

（2）推进"三项制度"，提升执法公正性。2019年，国家税务总局印发了《优化税务执法方式全面推行"三项制度"实施方案》，税务部门在税务行政执法领域全面推行行政执法公示、执法全过程记录、重大执法决定法制审核三项制度。2022年，修改完善以上三项制度的实施办法及配套文件，聚焦税务行政执法的源头、过程、结果三个关键环节，通过行政执法公示制度打造阳光税务，执法全过程记录制度规范执法程序，重大执法决定法制审核制度保证合法行政，进一步保障了纳税人合法权益，维护了政府公信力，营造了更加公开透明、规范有序、公平高效的税收法治环境。

（3）创新执法方式，提升执法温度。2022年，选取一般纳税人登记等6个特定业务事项，在20个省（区、市）的部分税务机关开展试点，有效运用说服教育、约谈警示、风险提醒等方式，引导纳税人主动遵从税法，让执法既有力度又有温度，做到宽严相济、法理相融。

（4）优化稽查监管，提升执法公信力。国家税务总局设立6个总局驻各地特派员办事处，并不断改进和优化特派办运行机制，着力增强"撬动"作用，促进内审监督和稽查质效持续提升。特派办与市级跨区域稽查局一同构成了完善的跨区域稽查体制，使税务执法的独立性和震慑力大大增强。同时，税务部门不断创新税收监管思路、理念和方式手段，制定完善《税务稽查案件办理程序规定》等制度，逐步建立以信用为基础、以"双随机、一公开"为内容的新型稽查监管模式，查办了一系列大案要案，积极稳妥推进文娱和网络直播领域专项整治，联合六部门持续多年大力开展打击"假企业""假出口""假申报"的专项行动，并建立常态化推进机制，维护法治公平的营商环境。

3. 尊重和保障纳税人权利。

（1）强化诉求管理，保障公众参与。税务部门充分保障税收立法公众参与度，建立小微企业涉税诉求和意见快速响应机制，开展纳税人需求调查和满意度调查，广泛收集纳税人意见建议，让纳税人和社会公众更大程度参与税收改革以及政策措施的制定、执行和监督。已出台的税收法律在制定阶段均向社会公众公开征求意见，税务部门规章在起草过程中主动向社会公开征求意见，制定与纳税人生产经营密切相关的税务规范性文件时，也充分吸收纳税人代表和行业协会商会的意见建议，广泛凝聚社会共识。

（2）推进政务公开，保障公众知情。国家税务总局坚持"以公开为常态、不公开为例外"原则，相继制定《国家税务总局关于全面推进政务公开工作的意见》（税总发〔2016〕50号）、国家税务总局关于印发《全面推进政务公开工作实施办法》的通知（税总发〔2017〕44号）、国家税务总局办公厅关于印发《税收管理领域基层政务公开标准指引》的通知（税总办发〔2019〕65号）等一批规范政务公开的办法规则，全面推进税务行政决策、执行、管理、服务、结果的公开，不断提升政务公开标准化规范化。实行税收政策和解读同步起草、同步审批、同步发布，推行行政执法公示制度，公开税务执法信息。综合运用报刊、广播、电视、税务网站和新媒体、12366纳税服务平台以及办税服务厅等线上线下渠道，便利纳税人及时、全面获取税务信息。

（3）完善投诉管理，保障公众监督。税务部门建立健全纳税服务投诉管理制度，公开纳税人监督投诉、涉税检举方式和渠道，建立服务投诉快速反应机制和涉税违法举报快捷处理通道，建成税务部门政务服务"好差评"评价体系。探索运用"枫桥经验"解决涉税争议，通过设立调解室、成立专门团队等方式畅通纳税人权益保障通道，充分发挥调解作用，推进税收争议化解在基层、化解于萌芽。

【优化实践】

指导各地税务部门建立1500多个"公职律师涉税争议咨询调解中心"，4400多名公职律师参与涉税争议咨询、组织调解、出具意见等法务活动，推动争议化解，更好维护纳税人缴费人合法权益。

(二) 简政便民

2013年以来，我国经济逐步迈入新发展阶段，经济从高速增长转向中高速增长，经济结构不断优化升级，经济发展从要素驱动、投资驱动逐步转向创新驱动。税务部门适应新发展阶段要求，积极发挥税收作为逆周期调节手段的职能，综合施策，持续降低市场主体制度性交易成本，最大限度激发市场活力。

1. 取消税务审批事项。

税务部门严格按照中国政府要求，逐步取消、下放和调整行政审批事项。截至2022年底，仅保留1项税务行政许可事项，即"增值税防伪税控系统最高开票限额审批"，同年，发布《国家税务总局关于全面实行税务行政许可事项清单管理的公告》（国家税务总局公告2022年第19号），明确省及省以下税务机关一律不得在清单外实施税务行政许可。

2. 精简涉税事项资料。

税务部门整合同质化流程，取消若干证明事项，清理纳税人向税务机关报送资料事项，持续降低办税时间，为纳税人减负。截至2022年底，税费业务事项精减比例达49%，取消61项税务证明事项，对6项税务证明事项实行告知承诺制，657项税收优惠实现"自行判断、申报享受、相关资料留存备查"，占比超过95%。

【优化实践】

减少纳税人申报次数，以"十三五"时期为例，5年间国家税务总局先后取消26种涉税文书报表、60项税务证明事项，对符合规定的增值税纳税人年申报增值税次数由12次简并为4次，税务行政审批事项减少93%，纳税人报税资料压减50%，年度纳税时间压减超过57.5%。将小微企业财务报表由按月报送改为按季报送；取消实际经营额、所得额不超过定额的个体工商户年度汇总申报；资源税纳税期限改为按月或按季申报。

精简纳税申报表，减少表单数量。持续更新企业所得税年度纳税申报表，现有表单数量减少10%。占比超过95%的小型微利企业进一步免于填报《一般企业收入明细表》等6张表单。

持续推进无纸化办税，实现税务文书电子化，通过信息共享等途径清理减少办税资料，累计压减50%以上的资料报送和25%的纸质表证单书。

3. 强化部门高效协作。

税务部门树立全局思维，将优化税收营商环境作为一项全局性、系统性工作，打牢跨部门合作基础、提升合作层次、拓宽合作领域、打通信息链条，持续提升协同治税效能。

【优化实践】

国家税务总局打通跨部门信息链条，与21个部门建立常态化部门间数据交换共享机制。

联合国家发展改革委、人民银行等29个部门对纳税信用A级纳税人实施41项联合激励措施，联合工业和信息化部、公安部等34个部门对重大税收违法案件当事人实施28项联合惩戒措施。

与市场监管部门合作，实现企业开办环节多部门"一网通办"。2021年，两部门共同拓展简易注销登记适用范围，简化简易注销登记程序，便捷中小微企业市场退出。2022年，简化市场主体歇业环节税收报告、纳税申报和市场主体注销环节的清税文书办理。截至2022年底，全国91%的税务注销户享受了"免办""即办"服务。

与自然资源、住房城乡建设等部门加强协作，简并不动产登记、交易、纳税申报业务的办理环节，大力推进不动产登记办税"一窗办事"。

与财政、生态环境、自然资源等多部门共同打造了以环境保护税、资源税、耕地占用税等绿色税种组成的"多税共治"以及企业所得税、增值税、消费税、车辆购置税等税收优惠政策"多策组合"的绿色税收体系。绿色税收政策与其他绿色政策措施相互配合、协调推进，促进企业加大减排治污力度，"减污、利废、降碳"效果明显。2018年环境保护税开征以来，全国累计落实环境保护税优惠减免564亿元。

联合公安部、最高人民检察院、最高人民法院、海关总署、中国人民银行、国家外汇管理局等部门组织开展打击涉税违法犯罪，有力保障国家税收安全。

(三) 减税降费

减税降费是中国政府部署的一项重要政治任务，是深化供给侧结构性改革的重要举措，对减轻企业负担、激发创新潜能、增强人民群众幸福感具有重要意义。2013—2022 年，全国累计新增减税降费及退税缓税缓费超 13 万亿元，仅 2022 年全年增值税留抵退税超过 2.4 万亿元；全国新办涉税市场主体累计达 9315 万户，有效激发了市场活力。

1. 企业发展享红利。

2013—2022 年，我国将税制改革与减税降费相结合，通过制度性安排与阶段性政策并举、普惠性减税与结构性减税并举，围绕简并降低增值税税率、支持科技创新等出台系列优惠政策，进一步支持实体经济，服务民营经济，助力小微企业、个体工商户等经营主体迅速成长。

【优化实践】

2013 年，全国范围内实施"营改增"改革试点。符合条件的小微企业免征增值税，进一步扶持小微企业发展。

2014 年，扩大"营改增"改革试点行业范围，简并、统一增值税征收率，扩大减半征企业所得税的小微企业范畴，税收优惠面更广。

2015 年，实施普遍性降费，惠及小微企业、养老、医疗和高校毕业生就业等收费和基金。

2016 年，全面推开"营改增"试点，释放大规模减税红利。

2017 年，简并增值税税率，切实减轻纳税人负担。

2018 年，实施个人所得税改革，并通过降低增值税税率，统一增值税小规模纳税人标准，进一步减轻广大纳税人负担。

2019 年，实施更大规模减税降费政策，重点聚焦减轻制造业和小微企业负担。

2020 年，及时出台一批阶段性、有针对性的减税降费政策，有效应对新冠疫情冲击，稳住经济基本盘。

2021年，提高制造业研发加计扣除比例，进一步降低企业研发成本，增强企业创新动能；进一步降低小型微利企业实际税负。

2022年，减税与退税并举，加大增值税留抵退税和小微企业所得税优惠力度等。

2. 社保个税减负担。

降低企业社保费率。税务部门统筹落实降低企业社保费率、阶段性减免企业社保费，确保企业特别是小微企业社保费负担有实质性下降。

分步推进个人所得税改革：

第一步个人所得税改革，提高基本减除费用标准，优化税率结构；

第二步个人所得税改革，全面实施新的个人所得税法，首次设立子女教育、赡养老人等六项专项附加扣除（当前已有七项专项附加扣除）。

第三步个人所得税改革，即全面实施综合所得年度汇算清缴。结合我国手机使用广泛的现状，利用现代信息技术打造手机App等远程办税渠道，支撑数亿自然人在线填报专项附加扣除、填写申报表、网上银行缴税、线上申请退税、查询收入纳税明细等。特别是利用大数据优势，提供了申报表预填服务，将综合所得平时预缴数据预填在电子申报系统中，纳税人办税更加便捷。

2018年实施的综合与分类相结合的个人所得税改革，是我国个人所得税改革历史上程度最深、影响最广的一次。通过上述改革措施，实现了税制模式的根本性转变。

首次综合所得年度汇算清缴中，绝大多数纳税人通过互联网申报，其中，大部分通过个人所得税App办理并享受预填申报服务，从登录到完成申报、缴税或者申请退税，仅需3—5分钟。

3. 社会创新添动力。

推进大众创业、万众创新，是发展动力之源，也是富民之道、公平之计、强国之策，对于推动经济结构调整、打造发展新引擎、增强发展新动力、走创新驱动发展道路具有重要意义。2013—2022年，通过逐步优化研发费用加计扣除政策，帮助"成长期"创新企业实现研发活动"减成本"，创新活力"添成效"。2015年开始联合银保监部门实施创新守信激励措施，推动银行加大对诚信纳税小微企业的信贷支持力度，"银税互动"累计帮助小微企业获得银行贷款3188.79万笔，贷款金额9.77万亿元。

【优化实践】

"十三五"时期,我国鼓励科技创新税收政策减免金额年均增长28.5%,累计减税2.54万亿元。制造业、信息传输和信息技术服务业、科学研究和技术服务业三大行业享受减税额合计占比近九成。我国全球创新指数排名从2013年的第35位上升至2022年的第11位,成功进入创新型国家行列。

全国享受研发费用加计扣除政策的企业户数由2013年的5.3万户提升至2022年的60.7万户。2022年研发费用加计扣除减免企业应纳税所得额达3.1万亿元。2022年全国全社会研究与试验发展经费投入达到3.09万亿元,达到2012年的3倍,位居世界第二。

4. 乡村振兴共富裕。

税务部门积极助力脱贫攻坚成果巩固拓展、促进脱贫攻坚与乡村振兴有效衔接。

2018年发布《支持脱贫攻坚税收优惠政策指引》并持续更新;2022年发布《支持乡村振兴税费优惠政策指引》,从支持农村基础设施建设、推动乡村特色产业发展、激发乡村创业就业活力、推动普惠金融发展、促进区域协调发展、鼓励社会力量加大乡村振兴捐赠等六个方面梳理形成109项针对乡村振兴的税费优惠政策指引。

(四)优化服务

1. 多走网路轻松办。

(1)电子税务局应用广。电子税务局整合网上涉税事项办理与查询、税务咨询、预约办理及税务培训等功能,覆盖网页Web、手机WAP、手机App、微信、PC客户端,形成全平台一体化的电子办税新模式,纳税人足不出户即可办理涉税业务。截至2022年12月底,全国共约95.85%的涉税市场主体注册了电子税务局,比年初增加0.92%;纳税人通过电子税务局累计办理业务约35.47亿项次,占纳税人办理全部业务量的78.06%,其中纳税人网上申报率持续稳定在99%以上。

【优化实践】

2020年2月,国家税务总局发布《"非接触式"网上办税缴费事项清单》,梳理明确185个可在网上办理的办税缴费事项;2021年,"非接触式"办税缴费事项达到214个,其中203个事项可全程网上办;2022年,"非接触式"办税缴费事项拓展至233个,其中212个事项可全程网上办。

(2)推进留抵退税全程办。2019年,税务部门逐步推进增值税留抵退税线上办理。2020年,全面实现纳税人在线提交退税申请,税务部门网上受理、审核等线上办理功能。2022年,进一步优化电子税务局申请留抵退税功能,实现留抵退税申请提示信息自动推送、自动预填。

(3)提高电子发票效率。积极推进电子发票,将交易行为涉及的信息全面数字化,通过标签管理将多个票种集成归并为电子发票单一票种,实现全国统一赋码,系统智能赋予发票开具金额总额度,设立税务数字账户实现发票自动流转交付和数据归集。

【优化实践】

2021年建成全国统一的电子发票服务平台,24小时在线免费为纳税人提供发票开具、交付、查验等服务,实现发票全领域、全环节、全要素电子化,降低纳税人用票、验票、算票成本。

2021年推行数字化电子发票试点,试点纳税人无需使用税控专用设备、无需办理发票票种核定、无需领用数电发票即可开票,进一步压减企业开办领用发票时间。

2022年税务部门基于数字化电子发票标准为企业开发了"乐企"系统(Natural System),实现交易即开票、开票即算税。"乐企"服务不仅帮助企业实现税务管理智能化、涉税数据集中化,还构建了税企直连模式,实现了"以数治税"监管升级。

2. 少走马路快捷办。

(1)"一门""一窗"办税易。税务部门推行"一窗受理、内部流转、限时办结、窗口出件"的办税模式,实现"进一扇门、到一个窗、办所有事"。截至2022年,全国范围已实现100%的综合性办税服务厅一厅通办所有涉税业务。

(2)涉税业务"跑一次"。2018年起,税务部门持续拓展办税事项"最多跑一次"清单。截至2022年底,税务部门发布办税事项"最多跑一次"清单,范围拓展至11大类146个涉税事项。

（3）自助办税可就近。税务部门积极推进自主办税，截至2022年底，全国范围内办税服务厅基本配置自助办税终端。纳税人通过自助办税终端，办理发票代开、发票领用、个人所得税纳税记录打印等业务，由原来"窗口办"转为"自助办"，办理时间大大缩短。同时，各地税务机关积极推动自助办税终端进驻商业集聚区、产业园、银行、邮政等场所，实现纳税人涉税业务"就近办"。

（4）业务通办更便利。2014年起，税务部门逐步推行涉税事项区域通办。2016年，各地实现至少7大类53个事项"同城通办"，并从"同城通办"逐步扩大到"全省通办"，实现4大类21个涉税事项"省内通办"。2017年，通过采取"异地受理、内部流转、属地办理、办结反馈"的方式，实现4大类15个跨省经营企业涉税事项全国通办，并逐步推动实现京津冀、长三角、川渝等区域"跨省通办"、粤港澳大湾区"湾区通办"。2022年起按照国务院统一部署，聚焦企业群众异地办事需求，将异地电子缴税、单位社保费申报等9项高频税费事项纳入"跨省通办"。

3. 税费合并集成办。

（1）合并申报减负担。税务部门不断扩大税费种合并申报范围，优化改造申报流程，逐步提高数据使用效率，促进办税缴费便利化水平持续提升。

（2）增值税一般纳税人申报表"一主表、九附表"汇总简化为一张"基础数据表"，实现增值税一般纳税人大部分申报数据免录入。

【优化实践】

2019年10月1日起，纳税人可使用合并后的申报表单，同时完成城镇土地使用税和房产税两个税种的纳税申报。2021年6月1日起，实现财产和行为税"十税合一"申报。纳税人在申报城镇土地使用税、房产税、车船税、印花税、耕地占用税、资源税、土地增值税、契税、环境保护税、烟叶税中的一个或多个税种时，可以使用一张《财产和行为税纳税申报表》实现"一表申报"，纳税人需填写的表单数量由35张缩减至11张，需填写的数据项减少三分之一。

2021年8月1日起，增值税、消费税分别与城市维护建设税、教育费附加、地方教育附加申报表整合，附加税费随着主税使用同一张申报表，申报一次完成。新申报表充分利用部门共享数据和其他征管环节数据，可实现已有数据自动预填，从而大幅减轻纳税人填报负担，降低申报错误几率。

（五）智慧治理

2013年以来，随着大数据、云计算、人工智能、区块链等现代信息技术的发展，世界税收征管格局进入以税收数字化转型为特征的税收征管3.0时代。国家税务总局大力推进智慧税务建设，以"精确执法、精细服务、精准监管、精诚共治"为主线，着力提升税收现代化治理能力，助力推进国家治理体系和治理能力现代化。

1. 精确执法。

运用税收大数据建立全流程、痕迹化的税费执法监测体系，实现执法信息、执法过程数字化监督，推动税收执法更规范、更公平、更严密、更精确。同时，通过数字化实现税务系统五级机构纵向连接，建立起税务机关"一局式"和税务干部"一员式"一体融合的自动化监督体系。推动税务操作数字化留痕，实现过程可控、结果可评、违纪可查、责任可追，严格规范税务执法行为。

大数据平台把税务业务内外部数据汇聚去重，通过"人""员""户""局""票"五个归集，构建了支撑不同场景的智能化应用的大数据中台。数据中台从三个层面提供服务，一是提供自由组合式数据服务，二是支撑各类型数据分析应用实现，三是实现风险信息多方触达、信息对称。借助大数据平台对纳税人涉税行为进行精准画像，实现精确执法、智能执法。

"税智控"拓展"内控内生化+人机结合+人工巡查"的分级分类内控工作模式，推动内外风险一体化防控，做到内部风险全程可识别、可评估、可监控、可追责，落实落细"四个有人管"，即没发现风险有人管、没及时推送风险有人管、没及时应对风险有人管、应对风险效果不好有人管。内控工作模式包括三个方面：一是内部风险目录化管理。二是内控督导数字化实施。三是内控分析可视化审核。设计开发督察审计问题发现、问题阻断、督察审计风险等排序算法，集成展示重点领域、重点环节的风险防控结果、趋势和效果。

2. 精细服务。

通过大数据分析形成"千人千面"的纳税人标签画像，为纳税人带来"服务全天候、业务全覆盖、场景全智能"的精细化税费服务体验。

（1）政策推送精准匹配。2022年，税务部门通过税费政策标签体系和纳税人特征精准匹配，向符合条件的纳税人实时推送优惠政策，惠及纳税人共计4.75亿户（次）。

（2）税费申报预填算税。个人所得税申报已率先实现"自动算税"，系统智能归集自然人纳税人各方面数据，自动计算并"预填"应退应补税额。2022年落实大规模增值税留抵退税过程中，"自动预填"功能为企业纳税人预填了85%以上的申请表数据项。

（3）征纳互动问办一体。2022年，税务部门构建以"精准推送、智能交互、办问协同、全程互动"为特征的征纳互动服务新模式，将智能、高效、精准、便捷的互动融入税费服务的全过程，给纳税人带来"问中有办""问中能办""问办一体"的服务体验，解决纳税人线上办税缴费时遇到的问题，让"非接触式"服务更加好办易办。

（4）补链助企共克时艰。全球新冠疫情发生以后，税务部门开发"全国纳税人供应链查询"软件，深入开展"补链助企"活动，深入剖析集成电路、光伏、纺织、石化等重点产业链发展壮大的堵点、短板及国际环境对产业链的影响，推进链上主体提质升级。

3. 精准监管。

税务部门建立健全以"信用+风险"为基础的新型监管机制，根据纳税人的信用等级和风险状况将其划分为不同类别，采取差异化监管措施，降低征税成本，有效防控税收风险。

建设"税智撑"平台，构建"红、黄、蓝"三级实时智能化预警机制，从纳税人开票、用票全流程进行事前预警、事中监控、事后评估，小风险不打扰自动处理、中风险及时预警、大风险及时阻断，有效降低纳税人征纳风险。

4. 精诚共治。

税务部门开展自主可控的税务区块链基础平台建设，整合各类业务数据资源，推动跨地域、跨主体、跨税种的数据共享，在多个地区试点搭建"区块链+"业务赋能场景，构建智慧税务生态环境，打造税收共治新体系。

加强税务区块链应用。税务区块链应用试点启动以来，"社保缴费+税务区块链"和"不动产登记办税+税务区块链"两类场景已累计上链数据5500万笔，涉及业务4400万笔，惠及纳税人2550万人，跨部门间数据共享效率、安全性和可靠性进一步提升，纳税人办事周期进一步缩短，办事成本进一步降低。

（六）开放共享

十年来，税务部门以构建高质量推进合作共赢的国际税收体系为目标，深度参与全球税收治理，积极推进"一带一路"税收征管合作机制建设，主动助力企业"引进来"与"走出去"，在国际税收舞台贡献中国改革经验，在推动全球税收治理变革中充分展现了中国税收治理之智。

1. 深度参与全球税收治理。

十年来，我国政府以构建人类命运共同体为目标，推动建设新型国际关系。税务部门不断加强税收领域国际交流合作，积极参与国际税收规则的全球协调与合理调整，协力构建更加公平公正的全球税收治理体系。

【优化实践】

防止税基侵蚀和利润转移（BEPS）行动计划；

应对经济数字化税收挑战双支柱方案；

《联合国关于发达国家与发展中国家间避免双重征税的协定范本》；

《OECD关于对所得和财产避免双重征税的协定范本》；

《OECD跨国企业与税务机关转让定价指南》；

《联合国发展中国家转让定价实用手册》；

G20自动情报交换标准和实施手册等。

2. 积极贡献中国改革经验。

税务部门在联合国税收合作平台全球大会、"一带一路"税收征管合作论坛、税收征管论坛和亚洲税收管理与研究组织（SGATAR）年会等多边合作平台上，积极分享中国税制改革、优化税收营商环境及应对国际税收规则调整等方面的经验，更好地推动信息共享、经验互鉴。2020年，OECD《税收政策改革2020》首次专门收录了我国增值税和个人所得税改革的最新经验做法。

成功推动"中国-OECD联合培养税务法学硕士项目"落地，共招收来自发展中国家的学员53人。该项目开创了我国与OECD在专业领域合作开展学历学位教育的先河，为发展中国家培养了一批高素质、专业化税收人才。

3. 推进税收征管合作机制建设。

（1）"一带一路"税收征管合作机制。"一带一路"税收征管合作机制由中国首倡发起，于2019年4月第一届"一带一路"税收征管合作论坛期间，通过各方签署《"一带一路"税收征管合作机制谅解备忘录》的方式正式建立。

中国国家税务总局原局长王军为"一带一路"税收征管合作机制首任理事会主席。中国任"一带一路"税收征管合作机制理事会主席国期间，先后举办第一届论坛、"同心抗疫，共克时艰"和"新挑战 新机遇 新发展——全球疫情背景下的税收信息化发展规划"等高级别会议和多场专题业务会议，为"一带一路"税收征管合作机制的发展打下良好基础，为携手抗击疫情作出贡献，也为疫情时代开启线上合作新篇章提供样板。此外，国家税务总局积极参与联盟建设，推动成立中国扬州、北京和澳门"一带一路"税务学院，与哈萨克斯坦努尔苏丹和沙特利雅得"一带一路"税务学院一起，举办多期线上线下培训项目，推动以"税收征管及数字化"等四个主题为框架的联盟课程体系取得实质进展，为发展中国家提高税收征管能力作出重要贡献。2022 年，"一带一路"税收征管合作机制入选《国际税收评论》2021 年度全球税收前 50 最具影响力名单。

（2）金砖国家税务合作机制。秉持"开放、包容、合作、共赢"的金砖合作伙伴精神，2017 年 7 月，中国首次主办了金砖国家税务局长会议，签署了《金砖国家税务合作备忘录》，第一次将金砖国家税收领域合作上升至制度层面；2022 年，中国第二次主办金砖国家税务局长会议，发布 9 个金砖税务最佳实践案例，突出金砖特色和中国特色，打造出金砖税务合作的标志性知识产品。

（3）税收信息交换机制。积极参与国际税收信息交换机制建设，开展金融账户涉税信息自动交换，合力打击国际逃避税。金融账户涉税信息自动交换标准（CRS）第一轮国际审议获得最高评级"合规"，专项情报交换同行审议也取得较好评级，展示了我国在全球税收治理方面的成功实践。

> **延伸阅读**

2015 年 12 月，签署《金融账户涉税信息自动交换多边主管当局间协议》。

2017 年 5 月，发布《非居民金融账户涉税信息尽职调查管理办法》。

2017 年 7 月，金融账户涉税信息自动交换标准在中国落地实施。

2018 年 9 月，成功对外交换非居民金融账户涉税信息，并获取居民纳税人境外账户信息。

4. 助力企业"引进来"与"走出去"。

（1）扩大和完善协定网络。税务部门加大双边税收协定谈签力度，积极配合推进《区域全面经济伙伴关系协定》、中欧投资协定及区域性协定规则的衔接与实施，优化预约定价安排，加大跨境涉税争议案件协商。截至2022年底，我国税收协定网络已覆盖全球112个国家和地区，基本涵盖我国对外投资重要目的地以及来华投资的主要国家和地区。2016—2022年，与有关国家（地区）税务主管当局开展双边协商，为跨境纳税人消除重复征税约200亿元。

（2）服务高质量引进来。税务部门有针对性地不断完善相关税收政策和服务举措，扩大境外投资者以分配利润直接投资暂不征收预提所得税政策适用范围，对境外机构投资境内债券市场取得的债券利息收入暂免征收企业所得税和增值税。

> **延伸阅读**
>
> 打造"用户全覆盖、办税无国界"国际化电子税务局，为境外企业提供简便畅通的跨境双语办税渠道。
>
> 为"引进来"企业提供智能办税场景，以纳税人视角将若干相关联的单项业务组成场景，实现场景化办税。
>
> 设计"智能税款计算器"，为纳税人自动算税，提供免填单和要素化申报服务，减轻纳税人办税负担。
>
> 发布《非居民企业源泉扣缴税收指引》。
>
> 简并非居民企业系列申报表。非居民享受协定待遇资料由备案改备查。

（3）支持企业走出去。为帮助赴海外投资的企业了解当地的投资环境及税收制度，有效防范对外投资税收风险，2015年以来，税务部门建立国别税收信息研究工作机制，集中优势资源，研究"一带一路"国家以及中国"走出去"纳税人主要投资目的地的税收制度。截至2022年底，更新发布覆盖104个国家（地区）的投资税收指南，形成涵盖99个事项的《"走出去"税收指引》。

三、税收营商环境发展展望

展望未来，税务部门将立足我国和国际经济发展新趋势，对内，以税制改革新成效、服务效能新提升、智慧税务新突破、税收共治新格局，助力中国经济高质量发展，服务中国式现代化；对外，合力深化"一带一路"税收征管合作机制，携手优化全球营商环境和重塑国际税收新秩序，更深层次融入全球税收治理体系。

（一）立足中国实践，为实现中国式现代化凝聚强大动能

1. 坚持自信自立，以税制改革新成效，助力中国经济高质量发展。

完善税收立法，加快推动税种暂行条例上升为法律及《中华人民共和国税收征收管理法》等法律法规修订，为有效发挥税收职能作用提供法律保障。完善税制结构，健全以所得税和财产税为主体的直接税体系，优化个人所得税、环境保护税等税收制度，发挥税收在服务宏观调控、调节收入分配、支持绿色发展中的积极作用。创新税务执法方式，推行非强制性执法方式，建立税务执法质量智能控制体系，加强税务执法区域协同，促进依法纳税和公平竞争。

2. 坚持人民至上，以服务效能新提升，推进发展成果由人民共享。

大力发展非接触办税，依托电子税务局主动推送办税提示，便利跨省、跨境办税，构建"精准推送、智能交互、办问协同、全程互动"的征纳互动模式，推动纳税服务从线下服务为主向线上线下并重转变。推行要素化申报，推动纳税服务从受理咨询式向按需主动供给式转变。加强纳税人办税习惯和需求的智能分析，实现纳税人诉求扎口管理，推动纳税服务从共性服务为主向共性个性并重转变。深化税务规范性文件权益性审核，健全税费服务诉求解决机制，弘扬新时代"枫桥经验"，推动纳税服务从注重程序性向注重权益性转变。

3. 坚持创新思维，以智慧税务新突破，建立科学高效的税收征管新体系。

持续推动数字化电子发票建设推广，以数字技术和数据共享为基础，实现发票全生命周期数字化管理。加快推进智慧税务建设，驱动税务执法、服务、监管制度创新和业务变革，推动税收征管数字化转型。健全以"信用+风险"为基础的新型税收监管机制，实现税收监管从"以票管税"向"以数治税"分类精准监管转变。构建税务系统大数据和风险管理工作新格局，完善税收大数据体系建设，健全分析指标体系及评价指数模型，为税收治理和宏观经济决策提供参考。

4. 坚持系统观念，以税收共治新格局，服务国家治理能力现代化。

以政府主导夯实税收共治制度基础，推动建立税费服务和征管保障机制，

主动融入"数字政府"建设，对接地方一体化政务服务平台，打造集成高效的税费服务共治模式。积极拓展行业协会、涉税专业服务机构、志愿者等社会化服务资源，实现税费服务由税务部门"一元供给"向"多元供给"转变。将税务治理嵌入基层综合治理，依托地方政府"网格治理""综合执法"优势，共同编织"综合治税一张网"，构建"政府领导、税务主责、部门协同、社会共治"的税收共治格局。

（二）展现开放包容，为推进构建人类命运共同体贡献中国智慧

1. 弘扬丝路精神，合力推进合作机制建设。

秉承共商共建共享的发展理念，为"一带一路"税收征管合作机制高质量发展的中长期规划建言献策，推动"一带一路"税收征管合作机制成为共建"一带一路"国家合作共赢的重要国际平台。积极参加"一带一路"税收征管合作论坛，探讨税收领域前沿问题，分享最佳实践经验，为市场主体的经济活动提供明确指引。协助推动"一带一路"税收征管能力促进联盟建设，增强各成员国在税收征管数字化、信息化领域的技术创新研究、资源共享和互学互鉴，共同提升税收征管现代化水平。

2. 赋能技术创新，携手优化全球营商环境。

聚焦制度设计，制定更具国际竞争力的国际税收政策，扩大和完善税收协定网络，深度参与国际税收规则制定。聚焦精细服务，持续完善电子税务局功能，实现涉税事项"网上办""跨国办"，建立"普惠+定向"的分类服务模式，完善跨境涉税争议解决机制。以"智慧税务"建设为契机，进一步优化跨境办税服务，加强反避税防控协作体系建设，推动全球税收政策环境、服务环境、管理环境持续优化。

3. 展现大国担当，加快重塑国际税收新秩序。

加强税收领域国际交流，形成多边合作和双边合作相互促进、国际组织与区域性组织互为补充的多层面、多方位的国际税收合作架构。开展对外税收援助，分享我国税收改革实践成果，支持发展中国家和低收入国家提高税收征管能力。坚持合作共赢，以"局长外交"贡献中国智慧，以"营商舞台"发出中国声音，以"大国担当"体现中国风采，构建更加公平公正的全球税收治理体系。

四、税收营商环境建设评价体系更加科学

世界银行营商环境评价作为覆盖全球大多数经济体的广泛调查，经过长期

的发展和优化,现已成为衡量营商环境优劣的重要标准,受到全球各经济体及投资者的广泛关注。

从 DB 体系到 B-READY 体系,世界银行营商环境评价理念不断升级更新。第一,B-READY 不仅从单个企业做生意的角度,而且从私营企业整体发展的角度来评估营商环境。B-READY 认识到单个公司的成本与社会福利存在矛盾关系,因此将平衡不同方面的指标,并相应地进行评分。第二,B-READY 不仅关注企业的监管负担,还关注企业生命周期中管理质量和提供的相关公共服务。这种评估方法为政府在创造一个有利的营商环境方面提供一个更微妙和积极的视角。第三,B-READY 不仅收集法律和法规信息,而且还收集实践中反映实际执行情况的数据,为了验证数据的真实性,同时进行专家咨询和全国代表性的企业层面的调查。第四,B-READY 争取在不同经济体间的数据可比性和特定经济体内的数据代表性之间找到平衡。专家咨询改变了以往通过狭窄或单一的案例研究来衡量大多数公司所面临的营商环境方法,将使用广泛的参数来解决局限性达到平衡,达到更加客观的效果。

(一) 营商环境成熟度评估体系

根据已发布的方法论手册和操作指南,B-READY 体系目前包括 10 个一级指标:市场准入、获取经营场所、市政公用设施服务、劳工、获取金融服务、国际贸易、纳税、解决商业纠纷、促进市场竞争和办理破产,贯穿企业的全生命周期。每一个指标都包括法律法规的质量、公共服务和效率三大支柱,且均对数字技术、环境可持续性和性别平等这三个关键因素进行评估。

根据 B-READY 体系的方法论手册和操作指南,世界银行计划每三年对经济体内的私营部门(员工多于 5 人、非国有制、非合伙的正常注册企业)开展一次企业调查,每年对经济体内人口最多的城市开展一次专家调查。其中,企业调查的行业主要为制造业和服务业,不包括矿产业、采掘业和金融行业,并将按照一定比例确定大、中、小型企业数量;企业调查将把我国分为六大区域开展,覆盖所有省份,不再有 DB 体系的调查城市概念,也不按照城市选取企业;专家为熟悉税务工作的会计师、律师、审计师以及税务顾问、税务专家等群体,每个指标填报专家不超过 5 人。

世界银行采用"具体指标得分—支柱得分—主题得分"由下而上的评分体系。以纳税主题为例,主题得分为百分制,三个支柱(监管框架、公共服务和效率)各占 33%,每个支柱得分将分配给各个具体指标,具体指标再细分为企业灵活性和社会效益性两部分的得分。其中，支柱一和支柱二的具体指标得分采用直接计分法，按照每个指标对应的问卷评估结果，直接判定是否得分；支柱三的具体指标多数涉及时间、成本等具体数据，得分采用前沿距离法，即根据所有经济体的最佳和最差成绩赋分。

（二）纳税指标介绍

纳税指标从企业的角度衡量税收法律法规、征管服务和实施的质量，根据方法论，B-READY 体系纳税指标包含 3 个支柱、8 个类别、27 个子类比、50 个具体指标，121 个评估要点，对应 134 个问卷问题。

1. 支柱一：税收法律法规的质量。

税收法规的质量包括税收法规的清晰度和透明度、环境税 2 个类别。该支柱评估方法为专家调查。

（1）税收法规的清晰度和透明度。

该类别共分 4 个子类别，主要衡量经济体税收政策法规的公开、透明、可预期程度和提升确定性、降低遵从成本方面表现，主要包括税收法规的清晰度、税收法规变更的透明度、简化记录保存和暂行规定、税务登记及增值税退税。

（2）环境税。

该类别共分 3 个子类别，主要衡量经济体在环保领域的财政工具、公共参与、风险监管、调整机制等方面表现，主要包括总体框架（财政工具）、治理（公共参与和风险监管）、过渡政策（调整机制）。

2. 支柱二：税务部门提供的公共服务。

税务部门提供的公共服务包括税务管理中的数字化、税务审计、争议解决机制、税务机关的管理情况等 4 个类别，该框架下的所有指标统一采用专家调查的方法。

（1）税务管理中的数字化。

该类别主要衡量经济体的税务管理信息化、数字化程度，包括税费申报和缴纳服务、性别分类数据、纳税人数据库、数据协同共享等 4 个子类别。

（2）税务审计。

该类别主要衡量经济体对涉税风险的审计情况，共分 2 个子类别，分别为：基于风险的系统（税务审计计划和机制）、审计类型和统一做法（税务审计类型和信息公开）。根据已发布的方法论，世界银行将"税务审计"定义为"税务机关为了识别纳税人不遵从税务法律法规的情况，对纳税人财务记录和纳税申报表进行的检查和评估"，大致对应我国的纳税评估和税务检查。

(3) 争议解决机制。

该类别主要衡量经济体涉税争议的解决机制，共分3个子类别，分别为：第一级复议机制、第二级复议机制、税收争议中的性别平等，大致对应我国的行政复议、行政诉讼等机制。

(4) 税务机关的管理情况。

该类别主要衡量经济体税务部门的管理情况，共分3个子类别，分别为：透明度、公共问责制、税务机关工作人员的性别构成。

3. 支柱三：税务系统在实践中的效率。

税务系统在实践中的效率包括遵守税务法规的时间、纳税成本2个类别。评估方法为以企业调查为主，部分问题采用专家调查。该框架按照前沿距离法（即根据所有经济体的最佳和最差成绩）计算指标得分。

(1) 遵守税务法规的时间。

该类别共分7个子类别，主要衡量企业遵守税务法规所需的时间，其中包括：申报和纳税时间、使用电子系统申报和纳税的比例、一般税务审计的持续时间、税收争议花费时间、获得增值税退税的时长、环保报告的遵从时间和环境税审计花费时间等方面。

(2) 纳税成本。

该类别主要衡量企业的税费成本，有3个子类别，包括：利润税的实际税率、就业税和社保费的实际税率、销售税的实际税率，大致对应我国的企业所得税、社保费和增值税。

(三) 其他涉税指标

在B-READY体系中，除纳税指标外，还有8项指标也与税收密切相关，即：市场准入、获取经营场所、市政公用设施服务、劳工、获取金融服务、国际贸易、解决商业纠纷和办理破产。

市场准入中与税务部门相关内容，一是考察企业登记系统是否允许登记者以电子方式完成税务登记、企业登记信息的变化是否会自动更新给所有相关的政府机构；二是考察内资新企业、外资新企业在登记机构注册后为了正规经营必须执行的一系列程序，比如是否包含税务登记和增值税登记，负责完成该程序的机构,以及完成登记后程序的时间和成本,等等。

获取经营场所中与税务部门相关内容,一是考察线上文档的合法性是否包括税务证明、是否有针对建筑节能方面的财产税优惠;二是考察在产权转让时税务机关是否可以在网上针对未缴税款进行尽职调查,税务机关是否与不动产登记中心、土地登记机构进行联系;三是考察产权转让三个流程(尽职调查、签署买卖契约和登记买卖契约)的效率。

市政公用设施服务中与税务部门相关内容主要是考察套餐式商业互联网服务平均每月的税率。

劳工中与税务部门相关内容主要是考察社会保障金和雇佣税的年度总成本,不包括已扣缴的工资税。

获取金融服务中与税务部门相关内容主要是考察数据覆盖和获取信用信息,比如是否向贷款机构提交信息或从中检索信息(选项包括税务机关)。

国际贸易中与税务部门相关内容主要是考察税务部门是否已纳入贸易电子单一窗口、是否已纳入海关的国际贸易管理系统。

解决商业纠纷中与税务部门相关内容主要是考察通过财政激励措施鼓励使用调解,比如是否提供财政奖励(所得税抵免为列举之一)。

办理破产中与税务部门相关内容主要是考察法庭上解决清算程序的时间、法庭上解决清算程序的成本、法庭上解决重组程序的时间、法庭上解决重组程序的成本等方面。

 本章思考题

1. (论述题)结合国外和国内营商环境建设经验,当前税收营商环境优化存在哪些问题,应该从哪些方面优化?

2. (论述题)随着世界银行营商环境评价体系的变化,提升营商环境纳税指标成绩,应该从哪些方面发力?